# 静思语

第一集

復旦大學出版社

公元二〇〇〇年新版序

# 读书可以医俗，行善可以淑世

## ——写在《静思语》改版发行之前

⊙释证严

发行已逾十年的《静思语》，就要以崭新的面貌和读者见面了。虽然是新壶旧水，但面貌一新，也未尝不是一件赏心悦目的事。

古人说："读书可以医俗，作诗可以遣怀。"可见读书之用也，大矣！其实，读书何仅止于"医俗"，读书还可豁人耳目，沁人心脾；更可陶冶性灵，启人心智。因此，读书如交友，读好书如结交良师益友，终身可以享用不尽，受益无穷。

虽然如此，诚如孔子所说的："法语之言，能无从乎？改之为贵。巽与之言，能无说乎？绎之为贵。说而不绎，从而不改，吾末如之何也已矣。”意思是说：“正言告诫的话，能不诚心听从吗？听从而能改，才是最为可贵；婉言相劝的话，能不欣然接受吗？接受而能深体微言大义，才是最为可贵。如果能欣然接受，却不能深体微言大义；能诚心听从，却不能改过迁善，那我就无可如何了！”所以读书之可贵处，在于能发挥书中微言大义的影响力，而能否发挥书中微言大义的影响力，就要看阅读的人对于“法语之言”能否“从而改之”，对于“巽与之语”能否“说而绎之”了。

时序即将迈入西元两千年，正当大家期待着千禧年的来临时，我们也期待着改版的《静思语》早日出版。在过去的十年里，承蒙不弃，《静思语》除了中文版外，也发行了英文版、日文版、德文版、印尼文版与简体字版，目前册数已逾七十万册了，其间，“慈济教师联谊会”的老师们更从中发展出“静思语教学”，使许多小朋友对《静思语》的好话琅琅上口，进而拳拳服膺，以致能够影响全家，发挥《静思语》的大用，这是证严最为欣慰，也最应感激的。

证严要向十年前参与编辑的高信疆先生及编辑群敬致最诚挚的谢意，如果十年前没有高先生及编辑群的努力，《静思语》就不会广为流通；正当《静思语》改版在即之际，证严也要向九歌出版社致上最诚挚的谢意，如果十年前没有九歌出版社的慨允出版，就没有今日《静思语》的崭新装扮；如果十年前没有九歌出版社的大力推介，就没有十年来《静思语》的大用之用。因此，尽管现在《静思语》由慈济文化*出版社重新改版发行，但“法语之言”与“巽与之语”并无两样。好书不厌百回读，能受用的书就是好书。把好书推荐给亲朋好友，亦是功德一桩。衷心希望面目一新的《静思语》，能够和更多的读者续结善缘。读书可以医俗，行善可以淑世，祝福大家用读好书、行善事，充实深邃的心灵，彩绘亮丽的一生。

* “慈济文化”已于二〇一三年更名为“慈济人文”。

# 目录



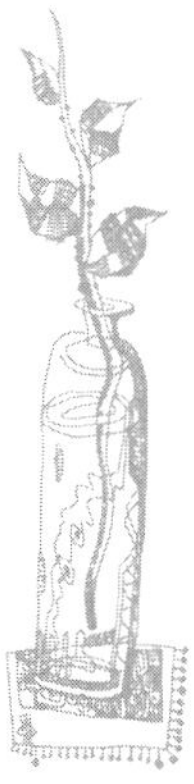

**【下卷】 答人间问**

# 静思晨语

【上卷】

·第一篇·说时间

# 现在就是最好的时机

靜思語

## 【做人的开始】

每一天都是做人的开始，每一个时刻都是自己的警惕。

## 【时间成就一切】

时间可以造就人格，可以成就事业，也可以储积功德。

## 【时日莫空过】

一个人在世间做了多少事，就等于寿命有多长。因此，必须与时日竞争，切莫使时日空过。

## 【为善竞争】

人生要为善竞争，分秒必争。

## 【蒙蔽的自由】

人常在什么都可以自由自在的时候，却被这种随心所欲的自由蒙蔽，虚掷时光而毫无觉知。

## 【时间如钻石】

时间对一个有智慧的人而言，就如钻石般珍贵；但对愚人来说，却像是一把泥土，一点价值也没有。

## 【生命在呼吸间】

佛陀说："生命在呼吸间。"人无法管住自己的生命，更无法挡住死期，让自己永住人间。既然生命去来这么无常，我们更应该好好地爱惜它、利用它、充实它，让这无常、宝贵的生命，散发它真善美的光辉，映照出生命真正的价值。

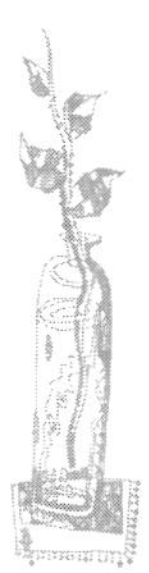

## 【是否发挥了良能？】

人间寿命因为短暂，才更显得珍贵。难得来一趟人间，应问是否为人间发挥了自己的良能，而不要一味求长寿。

## 【行善要及时】

行善要及时，功德要持续。如烧开水一般，未烧开之前千万不要停熄火候，否则重来就太费事了。

## 【时间无法遮挡】

怕时间消逝，花了许多心血，想尽各式方法要遮挡时间，结果是：浪费了更多时间，且一无所成！

## 【停滞不前，终无所得】

人都迷于寻找奇迹，因而停滞不前；纵使时间再多、路再长，也了无用处，终无所得。

## 【充分利用生命】

一个人几十年的生命，真正做人做事的时间实在很少，再勤劳的人也只做了三分之一而已。

## 【不当睡中人】

平常无所事事，让时间空过，人生就会在懈怠、睡眠中慢慢地堕落，良知良能也就这样睡了一辈子——如此的生命，只能叫做“睡中人”。

## 【用毅力安排人生】

用智慧探讨人生真义，用毅力安排人生时间。

## 【自我掌握时空】

圣人与凡夫的境界，最大的差异在于圣人可以自我掌握时空。

## 【前脚走，后脚放】

人命非常短暂，所以要加紧脚步快速前进，不可拖泥带水；切勿前脚已经落地了，后脚还不肯放开。“前脚走，后脚放”意即：昨天的事就让它过去，把心神专注于今天该做的事。

## 【不执著过去】

一直停滞在昨天、过去，就会产生杂念和执著顾恋之心。人一旦时时刻刻回忆往事，便会痛苦、怨恨、瞋怒、不甘心。

## 【守住当下】

不论在人间付出多少心血、多少辛苦，切莫将心念停留于过去的成就；不论施人多少，亦莫讨人情、求报酬。过去的留不住，未来的难预测，守住现在，当下即是。

## 【谨守本分】

未来的是妄想，过去的是杂念。要保护此时此刻的爱心，谨守自己当下的本分。

## 【有历练的强打者】

人生不一定球球是好球，但是有历练的强打者，随时都可以挥棒。

·第二篇·点燃我们的心灯

# 如月·如镜·如水

## 【心如明月】

心要像明月一样，有水就有月；心也要像天空一样，云开见青天。

## 【用心观、用心听】

用宁静的心态，观大地众生相，听大地众生声。

## 【境转心不转】

心如明镜。虽然外在景物不断转变，但镜面却不转动，此即境转而心不转。若心随境动转不息，则人我是非皆成昏扰，不能自已。

## 【镜子的良能】

镜子，是用来鉴照物体影像的；但必须镜、物相离，方能清澈映照。

若物体贴镜或尘封镜面，即使景物在前，亦难清楚映照。

## 【心如明镜】

人心如一面镜子，照山是山，照水是水；因尘世懵懂，浮尘所染而面目全非。

## 【点燃心灯】

有人点灯求光明，其实真正的光明在我们心里。佛前的灯不必刻意去点，要紧的是点燃我们的心灯。

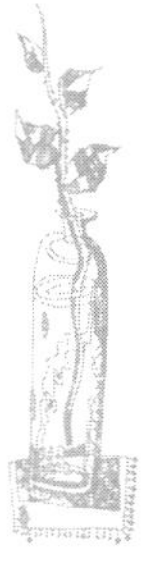

## 【远离人我是非】

人之“心思”如镜。欲求得智慧、明辨事理，必须远离人我是非烦恼，此即“当局者迷，旁观者清”的道理。

## 【保持开朗的心念】

人的心念意境，如能时常保持开朗清明，则展现于周遭的环境，都将是美而善的。

## 【人心似水】

人心要像水一样，看似绵软柔弱，却涵力源源，不能切断。

## 【播下好种子】

人的心地就像一亩田，若没有播下好的种子，也长不出好的果实来。

## 【天堂和地狱】

天堂和地狱，都是由心和行为所造作。我们不要怕地狱，要怕的是心的偏向。

## 【心正邪不侵】

心无邪思，意无邪念，则常自在；心正邪不侵。

## 【时时好心，时时好日】

时时好心就是时时好日；心中时时保持正念，任何时间、方位都是吉祥的。

## 【心志守持于道】

心志若能守持于道，必能精深博大；否则，即使透彻千经万论，亦如空花水月，一事无成。

## 【心无定性】

三心二意无定性，四处徘徊不专精，尽管条条道路通长安，却永远无法到达终点！

## 【散乱的心】

人心的散乱有两种：一是昏沉，一是浮动。昏沉是糊里糊涂空过时日，无所事事涣散体力，懈怠、懒惰、昏睡、不肯精进。

浮动是心念不定、见异思迁、摇摆不止、浮沉、动荡、放逸、无法安静。

## 【多用心】

要用心，不要操心、烦心。

## 【患得患失】

众生都有心病，拥有的人烦恼“失”，没有的人忧虑“得”；患得患失，即成忧愁。

## 【心病难治】

身体的病较好治疗，怕的是心病；有了心病，行、住、坐、卧都不得安宁，浑身不得自在，甚而吃不下、睡不着。

## 【以佛心看人】

以佛心看人，周遭遍地人人皆是佛；以鬼心看人，则处处都是狰狞的鬼影。

## 【心无挂碍】

身若一无所有，则心一无挂碍——没有得失的牵绊、没有物质的积累，心灵自然没有挂碍。这是圣者安住的境界，也是学佛者所求的境界。

## 【凡夫心】

所谓凡夫心，即有过去、现在、未来之分别心。

## 【断贪】

凡夫就是喜欢追求神奇鬼怪，心才会乱。其实修心很简单，只要“断贪”——哪一个人心乱不是为了贪？

## 【佛心清澈无碍】

心、佛、众生其实没有差别，佛并没有比我们多一只手、多一只脚，所差别的只是佛心清澈无碍，真如自在；而凡夫心因有世俗尘埃染著，看不清真实的面貌。佛心又像保险箱一样，保管贵重的东西不让它遗失；而凡夫心却如垃圾场，有害无益的东西积存一大堆，使自己痛苦不已。

## 【有色彩的心】

众生心即凡夫心，也就是有污染、有色彩的心，色彩抹净即现佛性。

·第三篇·关于慈悲

# 伤在他的身，
# 痛在我的心

## 【宽容与悲悯】

悲即是同情心。能互相宽谅、容忍,表现一分宽心、爱心,即是悲心。最幸福的人生,就是能宽容与悲悯一切众生的人生。

## 【喜舍得欢喜】

没有数字的代价,即为“无量”。

不辞劳苦的付出,便是“大慈悲”。

付出劳力又服务得很欢喜,便叫做“喜舍”。

## 【予乐拔苦】

慈悲喜舍这四个字,分开而言:慈喜是予乐,是教富;而悲舍是拔苦,是济贫。

## 【清净的大爱】

慈就是爱，是清净的大爱。

“无缘大慈”，是指没有污染的爱：他与我虽然非亲非故，而我却能爱他；爱得他快乐，我也没烦恼，这就是清净的大爱。

## 【同体大悲】

众生虽与我非亲非故，但是他的苦就是我的苦，他的痛就是我的痛。苦在他的身，忧在我的心；伤在他的身，痛在我的心。这就是“同体大悲”。

## 【以爱心仁德为体】

佛陀讲慈悲，是以爱心仁德为体，以诚正和睦为用。

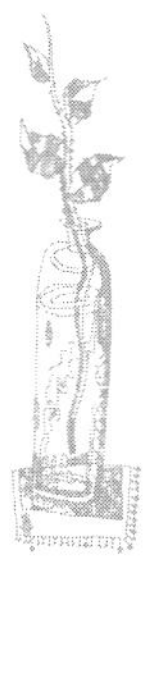

## 【慈悲形象化】

把慈悲形象化，付诸具体的行动。

## 【慈眼视众生】

要慈眼视众生，把无形化作有形，把理论化成行动，时时刻刻拿出一分“我们不去救他，谁去救他”的大慈大悲济助精神，能如此，尘世亦可成为净土。

## 【悲智双运】

慈悲是救世的泉源，但无智不成大悲。有智慧才能发挥无穷的毅力与慈悲，此即佛法中的“悲智双运”。

## 【真正的智慧】

真正的妙法是：以智慧流露出来的方法；真正的慈悲是：以智慧的力量去推动济世志业的心愿。

## 【一日菩萨】

能救人的人就叫做菩萨。把握一日的付出，即是一日的菩萨。

## 【化无形为有形】

菩萨精神永远融入众生的精神。要让菩萨精神永远存在这个世界，不能只有理论，必须有实质的表现；慈悲与愿力是理论，服务众生的工作是实质的表现。我们要把无形的慈悲化为有形、坚固、永远的工作。

·第四篇·开启“智慧”，播“善”种

# 清净的莲花

## 【心中的莲花】

每个人的心中都有一朵清净的莲花，都有无量的智慧——把良知、良能启发出来，则福慧果报无量！

## 【自觉与自性】

佛陀在人间，无非是要教导众生自觉与佛同等的智慧，也要教导众生与佛有同样的自性，都能修持慈悲与智慧。

## 【戒定慧】

学佛必须遵守佛陀教育我们的三个原则：戒、定、慧。戒是生活行动的宗旨，用来教诫我们不做坏事；行为不发生差错，心就有定力，精神就会统一，如此就可产生智慧。

## 【有情众生】

有智慧的人，即是觉悟后的有情众生。

## 【学佛要学定】

心有定力，智慧自然产生。人常为外境所影响，即是定力不够，学佛即是要学定。“定”用现代语讲，就是庄敬自强。

## 【聪明与智慧】

聪明不一定有智慧，但是智慧一定包括聪明；聪明只是一种计量利弊得失的能力，贪婪诡诈也是聪明的象征。

## 【得失与舍得】

聪明的人得失心重，有智慧的人则勇于舍得。

## 【能舍就能得】

同样一个“得”字，有“舍得”，也有“得失”，两种心境完全不同。有智慧的人能舍，能“舍”就能“得”，得到无限的快乐；不能“舍”的人就会有“失”，失去心境的安宁。

## 【不经一事，不长一智】

不经一事，不长一智。智慧是从人与事之间磨练出来的，若逃避现实，离开人与事，便无从产生智慧。

## 【福慧双修】

能付出爱心就是福，能消除烦恼就是慧。

## 【双手万能】

智慧与烦恼，好像手心与手背。其实二者都在同一只手上，但手背无法拿东西，若反过来用手心，则双手万能。

## 【一念之间】

善是利益，恶是损害。一念之非即种恶因，一念之是即得善果。

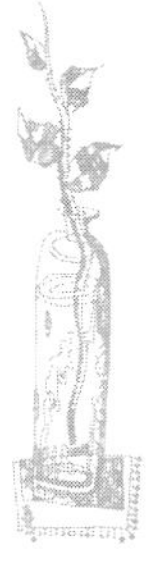

## 【日日行善】

心田要多播善种，多一粒善的种子，就可减少一枝杂草。土地不耕种，杂草必丛生。所以，行善要日日行、时时行、不断去行。哪怕只是举手投足，也要存一分善念。

## 【尽本分，做好事】

做好事并不是为求名，也不是为求功德。抱着“尽本分”的心去做好事，才是真正的好事，才是至诚无私的善事。

## 【没有分别心】

善字的意思是适度、刚刚好。不偏不倚、不极端、不会爱得太过分，也不会产生怨恨心。在人与人之间，没有不平等的分别心——对自己所爱的人，能以智慧断除占有的感情；对自己不爱或不投缘的人，则能尽量善解，以好的心念去对待。

·第五篇·迈入人格升华的境界

# 无染的爱

## 【爱！最有价值】

人生什么最有价值？就是爱。把牺牲当作享受，能够付出爱心的人，永远都很快乐，而且活得有意义。

## 【幸福的人】

有力量去爱人或被爱的人都是幸福的人。

## 【不要封闭自己】

不要封闭自己。你要先去爱别人，别人才会爱你。

## 【自爱爱人】

人要自爱，才能爱普天下的人。

## 【爱人宽一寸】

待人退一步，爱人宽一寸，在人生道中就会活得很快乐。

## 【大智要若愚】

倘能以爱待人、以慈对人，就不会惹祸伤身。所以做人应该吃点亏，做个大智若愚的人。

## 【柔和的心】

把气愤的心境转换为柔和，把柔和的心境再转换为爱，如此，这个世界将日益完美。

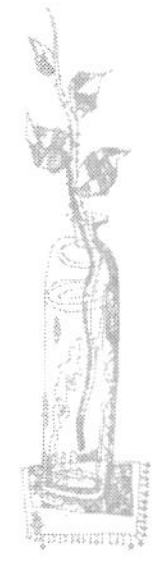

## 【人人皆可布施】

布施不是有钱人的专利品，而是一分虔诚的爱心。

## 【人性的真善美】

人生最悲哀的感受，莫过于“人有眷属，唯我独无”。因此，菩萨道行者说：“你们看待世间一切众生，应该把年老者当作自己的父母去孝敬他；年龄与己相近者，就当作兄弟姊妹去敬爱他；年龄比较幼小的，则当作自己的子女一般去爱护他。”这是人性中最高洁、最真、最善、最美的爱。

## 【无烦恼的爱】

爱，绝不能夹杂着烦恼，因为有烦恼就会有污染。

## 【爱，不要想回收】

要培养一分清净无染的爱。在感情上不要有得失心，不要想回收，就不会有烦恼。

## 【无所求的爱】

有所求的爱，是无法永久存在的。能够永久存在的，是那分无形、无染且无求的爱。

## 【对子女要放心】

父母过分爱子女的心力，会反射成为子女的烦恼。对子女要放心，他们才能安心。

## 【爱要浓淡合宜】

清茶淡香，既可口又提神；若是太浓，则苦得喝不下。世间的情爱也是如此。

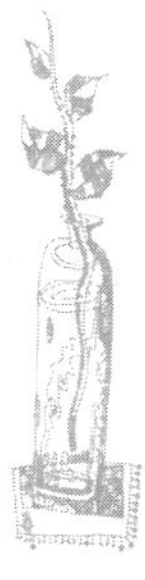

## 【不要沉迷爱欲】

爱，在人心中常觉得奇缺，常觉得饥渴难饱足，像饿鬼一样。沉迷在爱欲中，将永远没办法满足。

## 【谈长情，说大爱】

要谈情，就必须谈长情——觉悟的情；
要说爱，就必须说大爱——解脱的爱。

## 【大我的爱】

佛陀鼓励我们要有大爱，要爱得透彻、爱得普遍，尽虚空遍法界，达到冲破自我，和合于大自然同体大我的爱。不要像泥泞一样，有色彩、湿黏黏的。

## 【人人爱我，我爱人人】

妇女应把身心培养得像月光一样慈悲柔和。扩大自己的心胸，燃起智慧之光，使每个人与你相处，都像沐浴在清凉的月光中，这样才能达到“人人爱我，我爱人人”之爱的真谛，迈入人格升华的境界。

·第六篇·谦虚、柔忍、争与和

# 饱满的稻穗

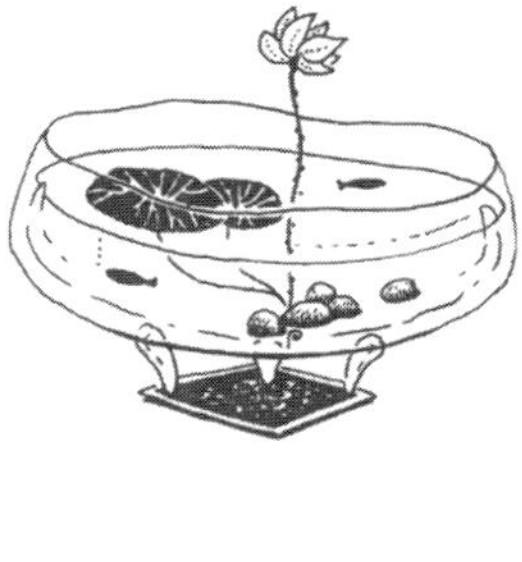

靜思語

## 【饱满的稻穗】

佛陀常常警惕弟子：即使已达智慧圆融，更应含蓄谦虚，像稻穗一样，米粒愈饱满垂得愈低。

## 【智慧人生】

真正的智慧人生，必定有诚意、谦虚的态度。有智慧才能分辨善恶邪正，能谦虚才能建立美满人生。

## 【无我】

修行最主要的目标即是无我。若能缩小自己、放大心胸、包容一切、尊重别人，别人也一定会尊重你、接受你。

## 【尊重自己】

唯有尊重自己的人，才能勇于缩小自己。

## 【嵌在对方的心上】

缩小自己，要能缩到对方的眼睛里、耳朵里；既不伤他，还要能嵌在对方的心头上。

## 【勇于担当】

一粒细沙就扎到脚，一颗小石子就扎到心，面对事情当然就无法担当。

## 【看淡自己】

看淡自己是般若，看重自己是执著。

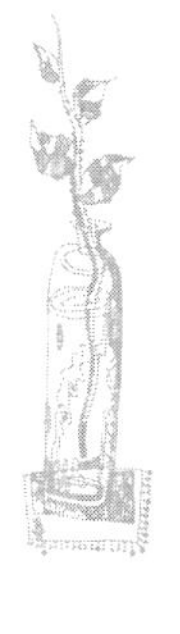

## 【忘我】

众生有烦恼，是因为我执的关系。以“我”的自私心理为中心，不但使自己痛苦，也会影响周围的人跟着痛苦。忘我，才能于修身养性中，造就健康、幸福的人生。

## 【不能低头的人】

不能低头的人，是因为一再回顾过去的成就。

## 【爱中有忍】

爱是人间的一分力量，但是只有爱还不够，必须还要有个“忍”——忍辱、忍让、忍耐，能忍则能安。

## 【受人欢迎的人】

要做个受人欢迎和被爱的人，必须先照顾好自我的声和色。面容动作、言谈举止合宜得体，都是从日常生活中修养忍辱得来。

## 【忍耐和付出】

修行者的本分事是忍耐和付出，因为修养原是个人应有的行为。

## 【哪个人不苦？】

有钱也苦，没钱也苦，闲也苦，忙也苦，世间有哪个人不苦呢？说苦是因为他不能堪忍！愈是不能堪忍的人，愈是痛苦。

## 【世界堪忍】

娑婆世界又译成堪忍世界，意即要经得起磨练、能忍耐，才有办法在世间自在地生存。

## 【忍而无忍】

忍不是最高的境界，能够忍而无忍，才会觉得一切逆境都是很自然的事。

## 【宽柔待人】

做事，一定要秉持“诚”与“正”的原则；而待人，则要用“宽”与“柔”的态度。要以宗教者超然的形态、宽大的心胸来容纳任何人。

## 【真正的圣人】

真正的圣人，既强又柔。他的强是柔中带刚，刚中带柔；柔能调伏众生，刚能坚强己志。

## 【常行慈忍】

人人若能以“慈忍”施行于家庭和一切众生，人间便会散发“透彻之爱”的光芒。

## 【争是一个不安的字】

争，只能“为善竞争”、“与时日竞争”——一旦争的对象从自我投射到别人身上时，争就成为一个很不安的字，也是一件很痛苦的事。

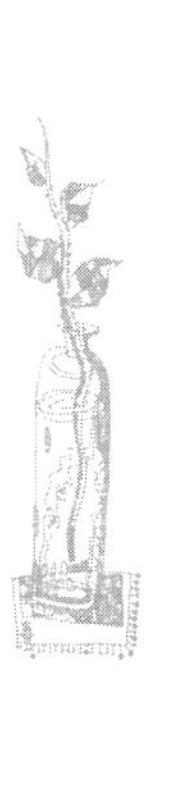

## 【伤害的因子】

竞争蕴藏了伤害的因子。只要有竞争，就有前后之分、上下之别、得失之念、取舍之难，世事也就不得安宁了。

## 【没有真正的赢家】

不争的人，才能看清事实。争了就乱了，乱了就犯错，犯错就容易失败。要知道，普天之下，并没有一个真正的赢家。

## 【心胸狭窄，处处障碍】

人们往往就是太执著，而有分别心。是你、是我，划分得清清楚楚，以致对自己所爱的拼命去争、去求、去嫉妒，因为心胸狭窄，所以处处都是障碍。

## 【真正有功夫的人】

一般人常言：要争这一口气。其实真正有功夫的人，是把这口气咽下去。

## 【不争面子】

培养好自己的气质，不要争面子，争来的是假的，培养来的才是真的。

## 【一字和】

能一字“和”则无往不利，无事不成。

## 【和则是非不生】

人能“和”，则是非不生。出世之事业能永垂不朽，亦源自一字“和”。

## 【人事皆安】

人，大多数有名利之心，与人争、与事争。如能与人无争则人安，与事无争则事安；人事皆无争，则世界亦安。

·第七篇·“逆境”“是非”观

# “无明草”与“增上缘”

## 【持宽临逆】

逆境、是非来临，心中要持一“宽”字。

## 【人生的灯塔】

世间事要做得圆融并不容易，没有历经逆境的事，不值得作为我们人生的灯塔。

## 【逆增上缘】

逆境在佛教中称为“逆增上缘”，碰到逆境时，应心生感激——可遇不可求啊！

## 【人事考验】

人事的艰难与琢磨，就是一种考验。就像一支剑要有磨刀石来磨，剑才会利；一块璞玉要有粗石来磨，才会发出耀眼的光芒。

## 【静心】

修行一定要经得起磨练，将混乱的心磨练成静心，使自己在动的境界中不动心。

## 【永恒的功课】

修行，是分分秒秒、日日年年，永恒不已的功课。就如做事，亦要经过无数次的磨练。

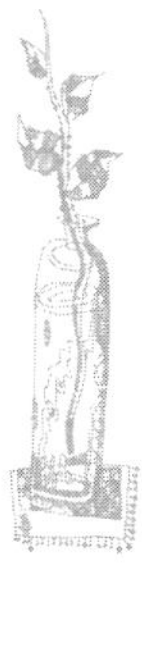

## 【不要轻易被伤害】

要原谅一个无心伤害人的人，不能做一个轻易就被别人伤害的人。

## 【摒除己见】

人常困于己见。知音就是真理，不是知音就变成是非。

## 【看清自我】

人最难看得见的，就是自己——平日都是张着眼睛向外看，对别人称斤论两、说长道短，殊不知自己也在其中啊！如能跳脱开来，把自己也当成观看的对象，事理才真能看得清、分得明。

## 【无疑】

对人有疑心，就无法爱人；对人有疑念，就无法原谅人；对人有疑惑，就无法相信人。

## 【相信别人】

多一分对他人的疑虑，就少一分对自己的信心；否定世间的一切，自己的信念也将随之消失。

## 【宝贵的一课】

是非当教育，赞美作警惕；嫌弃当反省，错误作经验——任何批评，都是宝贵的一课。

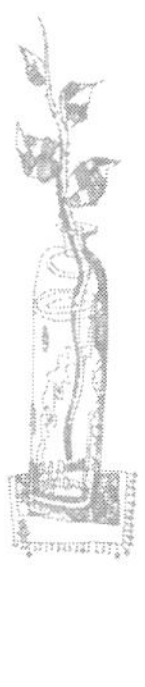

## 【感恩对方】

别人骂我、不谅解我、毁谤我,反而应生起一分感恩心,感恩对方给自己修行的境界。

## 【纯正的心】

纯正的心不怕别人毁谤,只要做得正、做得诚,别人的毁谤反而更能升华自己的人格。

## 【善解是非】

非来变为是,恶来即成善,任何是非皆善解之,则无是非。听到任何是非,要视为修行之增上缘,万万不可堆积在心中长无明草。

## 【去除习气】

假如每个人都能把我慢、我执、无明去除，人与人之间就不会产生是非！

## 【活的大藏经】

要将是非当教育，不要将人事当是非。前者能将种种不顺心的行为转化为重组自我的利器，后者只会让你觉得人生很痛苦。其实，每天的琐碎事务都是活生生的大藏经。

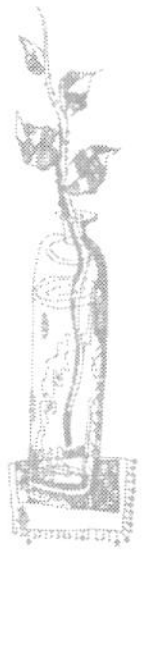

·第八篇·自“贪欲”说起

# 烦恼菩提

## 【去贪瞋痴】

世间之所以有人我、是非、内外、事理不能调和，皆源自“贪、瞋、痴”。有此三念，故争长论短，永无休止。

## 【有得必有失】

欲深无底，贪无止尽。有求的意向，即有必得的心理；有求、有得的心理，就会有失的痛苦。

## 【填不平的洞】

世间的海可以填平，但是人的鼻下横——小小一个嘴巴，却永远填不满。

## 【多求多变】

多求也多变，多变也多生，多生也多灭。生生灭灭，日日年年。

## 【少欲少烦恼】

同样是过一辈子，欲望大的人得花很大的气力，才能满足需求；而欲望淡薄的人，少欲少烦恼，便能安稳地终此一生。

## 【去贪就简】

去贪就简，可使心灵得到无比的宁静与解脱。

## 【以理性克制欲心】

道心亦即理性。欲念如果扩张下去，就会埋没理性；理性如能发扬起来，就可以制止欲心。

## 【烦恼由心起】

所谓的烦恼，并非以人的生活物质作标准，而是以心境状态来分别。人若不知足，就永远处在烦恼中。

## 【苦恼凡夫】

人生的苦恼不分贫富贵贱皆有之。

## 【不知足烦恼多】

芸芸众生，本来可以相处自在，过着和乐、安定的生活。但因“心无厌足”，为了多求，难免心起烦恼，增长恶业。

## 【有求是烦恼】

人都是求“有”，什么叫“有”呢？有就是烦恼。

## 【别怕病痛】

不要把病痛看得太严重，心有烦恼，则无法解脱。

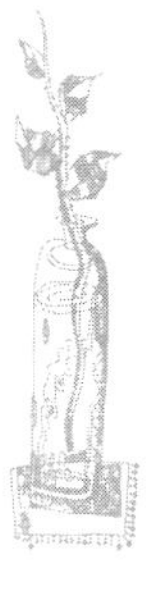

## 【视痛为劫】

痛有两个词：一个是痛快，另一个是痛苦。面对痛苦时，要“痛快”，也就是视“痛”为“劫”。“痛”去“劫”消，则病痛反能带来“劫后归来”之快。

## 【重生】

死掉过去的烦恼心，生出今日解脱的境界。

## 【学习平常心】

要学得“平常心”。一个人若有平常心，则无论遇到任何环境及挫折，都能真正安然自在。了解世间的形象本就如此，自然不会害怕惶恐或忧愁苦恼。

## 【不要将人事当是非】

心如要常常保持快乐，就不要把人与事当成是非。有些人常常起烦恼——因为别人一句无心的话，他却有意地接受。

## 【扩大心胸】

把心胸放开，自然就可断除烦恼。为何人会有烦恼？是因为心胸狭窄，容纳不了不喜欢或是比自己能干的人。

## 【少发脾气】

发脾气对内对外都是烦恼，对内自己起烦恼，对外困扰他人。

## 【转烦恼为智慧】

透过烦恼转成智慧，这个烦恼才有意义。

## 【人生如一本书】

将所有的病苦、困难或烦恼，当作人生最好的教育，也当作是人生另一种“再充电”。每天过日子，就像读一本书一样地掀开每页纸；而每天所遇到的人事或烦恼，就是这页纸上的一句铭言或一个警语。

## 【尘境皆无性】

禅门中有一则公案，说明凡事担心、害怕，是痴执的表现。

有一位禅师在打坐时，忽然出现一个境界——看见一个没有头的人，禅师当下说道：“无头，头不痛”，说罢境界随即消失。过了一会儿，又出现一个没有身体，只有头和四肢的形相，禅师言：“无腹无心，不饿也不忧”，随后境界又消失了。没多久，又出现一个没有脚的形相，禅师言：“无足不乱跑”，言罢境界全部消失。禅师因而悟到——“尘境皆无性”。

·第九篇·解读“幸福”与“财富”

# 觉天地之广阔

## 【福中之福】

人生的幸福没有准则。能关心别人、爱护别人者，即是福中之福人。

## 【做个造福的人】

这世界总有比我们悲惨的人，能为人服务比被人服务有福。

## 【量大福就大】

多原谅人一次，就多造一次福。把量放大，福就大。

## 【最可爱也最可怕】

一生的罪与福，都是人自作的。最可怕的是人，最可爱的也是人。

## 【有愿就有力】

有心就有福，有愿就有力。

## 【自造福田】

自造福田，自得福缘。

## 【苦尽甘来】

吃苦了苦，苦尽甘来；享福了福，福尽悲来。

## 【平安就是福】

求福寿倒不如求平安，平安就是添福寿。

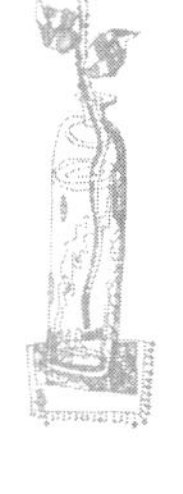

## 【施比受有福】

施比受更有福。真正的快乐，是施舍出去后的那分清净、安详与喜悦。

## 【做个平常人】

最平常的人最富有。

## 【有价的东西】

世间物质的喜好只是一种潮流。太平年代金银玉石是宝，而战乱时期米粮衣布是宝。所以，世间所谓“有价”的东西，完全在于人心的潮流及虚荣的作祟。

## 【身外之物】

钱财本是身外物，身外之物当然就有聚散的时候；因此，有钱时不必得意，没钱时也不必悲哀。

## 【人生终有聚散】

人生想得透彻一点，没有一件东西可以永远与我们为伴。再亲爱的人、再多的财物，也终有离别聚散的时候。所以，又有什么东西舍不得呢？

## 【觉天地之广阔】

若能从物质的爱欲中跳脱出来，心自然天广地阔，无限丰饶。

## 【助人最快乐】

并非有钱就是快乐，问心无愧心最安。能付出、助人、救人，最是快乐。

## 【追求真理】

凡夫追求财物，圣人追求真理。

## 【一时的虚荣】

世间一切精巧物质——色相，只不过是满足凡夫心的一时虚荣而已。

## 【成功之人】

不受贫贱击败挫伤的人，不因富贵骄奢悭吝的人，都是成功的人。

·第十篇·言谈声色之间

# 那么轻，却又那么重

靜思語

## 【声色要轻柔】

人与人相处，都是以声色互相对待。讲话是声，态度是色，因此与人讲话要轻言细语，态度要微笑宽柔。

## 【说话要恰到好处】

一句不恰当的话，就会使人产生排斥的心。所以，话要讲得恰到好处，多一句、少一句都不好。

## 【话语要谨慎委婉】

话语要谨慎委婉。面对知音，不必说得太明显就懂；不是知音，说得再露骨也没用。

## 【正确的教导】

教导别人也要分内与外。对外要柔，对内要正。

## 【你是好人吗?】

脾气、嘴巴不好，心地再好，也不能算是好人。

## 【听懂话，说对话】

听话、说话要完整，不要只拣前一句、后一句，合起来刚好尖尖的刺进人心，创伤也就不可弥补。

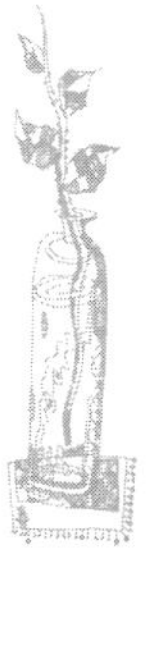

## 【善用自己的身体】

不要把能说话的嘴巴，用在搬弄是非、造口业；也不要把能行动的身体，用在吃喝玩乐、耽恋物欲。

## 【牢牢记住好话】

人间好话，要如海绵遇水般牢牢吸住；世间是非，要如水泥地般坚固，水过则干。

## 【另一种修行】

面对恶言恶语，也是一种修行。

## 【不要压到别人的心】

不要在人我是非中彼此摩擦。话语称起来不重，但稍一不慎，却会重重地压到别人的心。反求诸己，我们也要自我训练，不要轻易被别人的话扎伤。

## 【对人宽心，讲话细心】

在日常生活中，要常常自我反省，紧记“对人要宽心，讲话要细心”，如此必可化解“含毒”之心，圆融一切众生。

## 【清醒的心】

内心平静快乐，头脑清醒，考虑事情就会清楚周全，说话就会得体。

## 【用清净的心眼看人】

用清净的心眼看人，就不会彼此碰撞。声无形无量，色乃假相，不必拿声、色来压迫自己的心眼。

## 【善用耳根】

以清净的耳根，接受清净的语声；以圆通的耳闻，吸收世间的善音。

## 【一言为重】

一言为重，千言无用。言重则信重，信重则有大用。

## 【人性之美贵】

人性之美，莫过于诚——诚为一切善法之源；人性之贵，莫过于信——信乃人生立世之本。

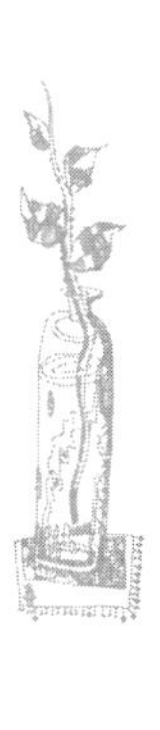

·第十一篇·静思"忏悔"

# 道德人心的第一课

## 【人要自我批判】

人因自觉而成长，因自满而堕落。自我批判的认错心理，是道德人心的第一课，也是人格升华的阶梯。

## 【不要随便原谅自己】

人都是在原谅自己的那一分钟开始懈怠，应时时自我警惕。

## 【美德与损德】

原谅别人是美德，原谅自己是损德。

## 【高尚的品格】

勇于承担，是一分动人的力量；勇于承担错误，则是一种高尚的品格。

## 【重新面对错误】

不能因为自己的错误，就不敢再碰同一件事情；反而应该修正错误，重新去面对它，好好把它完成。

## 【注意小习气】

大错误容易反省，小习气不易去除。

## 【心灵的告白】

忏悔是心灵的告白，也是精神污染的大扫除。

## 【如何庄严自己？】

一个人要怎样才能庄严此生，自尊己灵呢？唯有二字："惭耻"。

所谓的"惭"，就是犯错了要赶快认错，而且以后不会再犯，这才是真正有救的人。"耻"就是有惭愧的心。

## 【人人皆有良知】

忏即"发露先恶"，悔即"改往修来"。

人人皆有良知，能勇于面对现实、忏悔反省，始能自觉错误。

若能进而坦诚告白，誓愿改过，并力行正道，就能明心见性，清净圆满。

## 【忏悔得清净】

凡夫众生，孰能无过？吾人自懵懂无知而至体认世事，不论有心或无心之过错，皆须忏悔。

忏悔则清净，清净则能去除烦恼。

## 【时时自我教育】

当一个人没办法自我教育时，也就无法再接受别人的教育，因为他的成长实已停止。

## 【慎防过失】

起心动念无不是业，开口动舌、举手投足无不是罪。学佛应慎防过失，切莫覆藏罪恶。时时发露忏悔，改过自新，方得安然自在！

## 【常静思反省】

人应常静思反省，以拨开心灵的波澜，发掘智慧的泉源。则世出世间无一事不通，无一物不解。

·第十二篇·成功、愿力与持志

# 一粒种子的力量

靜思語

## 【专心一意】

人生有如高空走索，应专心一意往前看、向前走，不要回头空懊恼。

## 【走对人生路】

人生这段路并不长，但却不好走，因此必须步步谨慎，切莫迷了路，走错了方向。

## 【调整自己的脚步】

年轻力壮时，可以一口气往上冲；但冲力过猛，不免又筋疲力尽。于是走走停停，困顿繁劳，目标还在远方。

## 【成功来自坚忍】

成功，是依靠坚忍的力量，潜蕴蓄积长期奋斗而成就的果实；并非仅凭一点血气或一时的冲劲而侥幸得来。

## 【坚定志向】

善用力气的人，不疾不徐；善守理想的人，不猛不弛。一志向前、坚定不移，终可达成目标。

## 【以愿心改命】

命无定论，是很难理解的事。但是，命却可由自己的愿心来决定。

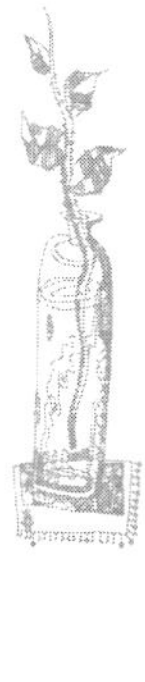

## 【内在的圆满】

才华洋溢的人，一方面很容易达到目的，很快就获得世俗的满足；另一方面，却因所求没有止境，不易寻得内在的圆满，才华反而成了自苦的根源。

## 【决心】

任何事都是从一个决心、一粒种子开始。

## 【志的可贵】

人穷，志不能穷；富有，志更要富。

## 【人生要有志向】

做人应有一分自己的志向、愿心、趣味。人生如果没有志向，即如握笔画图，不知要画什么？东涂西抹，终究不能画出完整的图形。

## 【人有无限可能】

不要小看自己，因为人有无限的可能。

## 【看重自己】

不要轻视自己的力量。世间善事没有一项“做不成”，也没有一个人“无能力”，有的只是“不肯做”而已！一滴水滴到水缸中，整缸水就是我们的，因为那滴水已和缸中的水结合在一起，分不出是你的或是别人的。

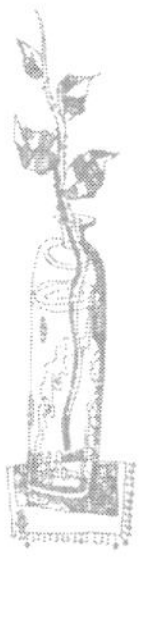

## 【水中泡影】

画饼不能充饥，水中泡影不能串成项链。

## 【路是人走出来的】

路是人走出来的。千里之路，必须从第一步开始；圣人的境域，也是自凡夫起步。

## 【提得起，放得下】

要提起就完全提起，要放下就全心放下。

## 【菩萨人格】

菩萨的人格，必须由我们自己来完成。

## 【佛心无远近】

佛心没有远近，人的愿望也没有大小。只要心诚意正，即可达到宏愿。

## 【耕耘众生心田】

愿效法佛陀的精神，学做大农夫；耕耘天下众生心田，化荒芜成大福田。

## 【利济众生】

利济众生的事业，需具足三种力量：一是自力，二是佛力，三是众缘平等力。

自力——以福慧因缘为自力。想得福缘要自种福因，自己播撒种子。

佛力——有了自力以后，再祈求佛陀慈力加被、慈光常照，愿己心与佛心融汇一处。

众缘平等力——佛与众生本性平等。恭敬供养一切众生的心，要与恭敬供养佛陀的心一样。

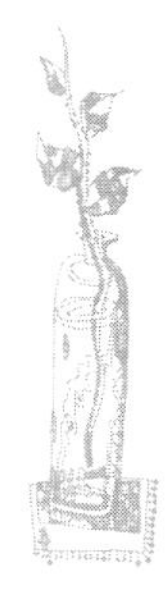

## 【学佛如初】

发心容易，恒心难持；光说不练，无法体悟真理，实践道法。唯有学佛如初，始能证悟成佛。

## 【恒心】

恒心早起，是锻炼殷勤不懈的功夫之一。

·第十三篇·怎么来写“人”这个字

# 在生命的白纸上

靜思語

## 【游戏人间的态度】

纵然是游戏人间，也要端端正正，不要嘻嘻哈哈；要谨谨慎慎，不要唏哩哗啦。

## 【众生众见】

有众生相即有众生见。

## 【生命中的白纸】

每天都是生命中的一张白纸，每一个人、每一件事都是一篇生动的文章。

## 【以大地为师】

大地宇宙间，没有一项不是我们学习的对象，没有一项不是佛法，也没有一项不是修心的功夫。只要肯用心去想、用心去修、用心去做，就没有不能成功的事。

## 【人不能离群】

人既然生在世间，就不能离开众缘，修行也不能离群隐世。真正的解脱是在众缘中付出而得，也是在众缘的烦恼中解脱。

## 【欣赏他人】

欣赏他人，即是庄严自己。

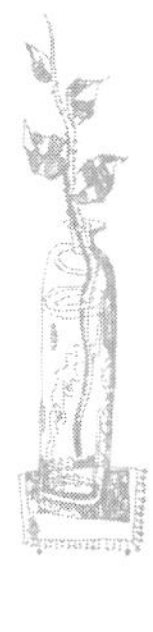

## 【成佛的本性】

其实，人人都有成佛的本性。如能发现自身的本性，自然拥有平等心，也就不会有你我高下之分。

## 【心灵残缺最苦】

人的身体有残缺不算苦，人性的残缺才是真正的苦。因为世间的灾难祸害，大都是由手脚完好，但心灵残缺的人所造成的。

## 【一理通，万理彻】

一理通，万理彻。如能了彻真理，知道路在哪里、自己在做什么，一切明明白白、清清朗朗，就能把握自己。最怕的是不知道“我”是什么，才会彷徨、苦恼。

## 【理得心安】

要平安，得先心安；要心安，须先得理；理得心安，即合家平安。

## 【三不靠】

做人要做到三不靠：一不靠权力，二不靠地位，三不靠金钱。

## 【熟读未来的路】

道理是人生一条长远的路，地理不熟就会走错路。因此，今生今世要读熟未来的地理学。

## 【端正自己】

我们要教化一切有情，必须先端正自己。众生刚强，他们的心态千差万别摸不透。只有一个方法可以感化他们：那就是“诚”与“正”，诚正可以降伏无量刚强的众生。

## 【道德是明灯】

道德是提升自我的明灯，不是呵斥别人的鞭子。

## 【做人要踏实】

做人要有踏实感，不要只有成就感。踏踏实实地做人，心中多舒服。

## 【无憾人生】

时，应分秒必争；路，应步步踏实，此趟人生即无所愧憾。

## 【把握时机】

毋需抱怨世间人情浇薄、功利主义、好心没好报等不公现象。其实，这正是让我们有所作为的大好时机。

## 【如何自我升华】

难行能行，难舍能舍，难为能为，才能升华自我的人格。

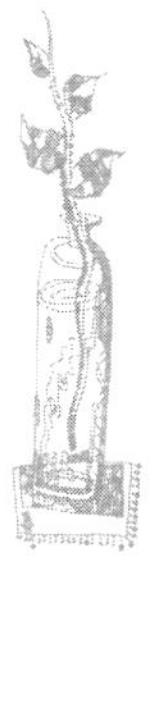

## 【人格若成，佛格就成】

佛陀设教在人间，就是要教育众生回归真如本性，做个真正的人。所以说人格若成，佛格就成；人格若不成，又如何成佛呢？

## 【成佛之道】

世间苦，做人亦苦，但做人是成圣成佛唯一的道路。

## 【最难写的人际关系】

人际关系是最难写的一篇文章。唯有事事无我、无执，方能有所为。

## 【照顾身口意】

口说好话，心想好意，身行好事。

## 【人文如绿洲】

人们若少了人文，就如同处在烈日炎炎的沙漠中。有学识、人文，才有美好的绿洲。

## 【常起欢喜心】

大喜，就是时时刻刻都起欢喜心。喜是没有嫉妒、骄慢、瞋恚的心。

## 【散发生命的光热】

不要把阴影覆在心里，要散发光和热，生命才有意义。

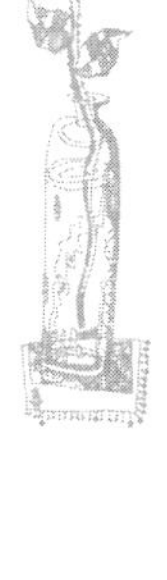

## 【君子和小人】

太阳光大，父母恩大，君子量大，小人气大。

## 【笑的表情】

笑是一种表情，皱眉也是一种表情；呵斥是出声，说话也是出声。但是笑比皱眉好看，说话比呵斥自然。

## 【转个角度看世界】

转一个角度来看世界，世界无限宽大；换一种立场来待人处事，人事无不轻安。

## 【道德观的自由】

自由，在个人要有道德观的约束；在社会应有法律加以规范。否则，就易于“野而无礼”；野则横霸——力大、声大、欲大、权大，纵情放行，心无闸栏，而“自由真义”反倒遁退难伸。

## 【培养真功夫】

平时没事对别人很好，这不是功夫；当发生事情时还能对别人好，才是真功夫。

·第十四篇·“做事”种种,“事理”种种

# 工厂即道场

## 【工厂即道场】

工作就是运动，工厂即是道场。

## 【信心、毅力、勇气】

信心、毅力、勇气三者具备，则天下没有做不成的事。

## 【克服难题】

尽人事、听天命，不要把“难”放在心里。人要克服难，不要被难克服了。

## 【从失败中站起来】

人生最大的成就，是从失败中站立起来。

## 【发挥勇猛心】

人应有卷起裤管下水的勇猛心。如果已经站在水中了，就不必担心流汗或下雨。

## 【不要怕烦恼】

举凡有事就有烦恼，若要做事，就必须先下决心——绝对不怕烦恼。若不怕烦恼，则任何困扰都可解决。

## 【念兹在兹】

所谓“念兹在兹”，即是手在工作时，心思就在手上；双脚走路时，心念就在脚上；开口说话，精神就放在嘴上。

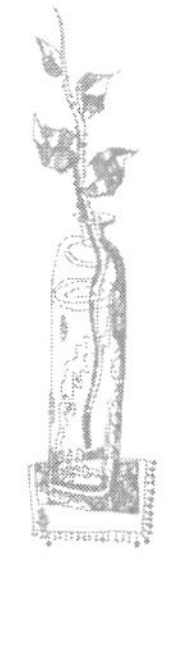

## 【星星之火可以燎原】

在日常生活中，凡事都要做好安全的准备，以防万一。不要轻视风小、不要轻言火弱，因为星星之火可以燎原。

## 【才智和能力】

被人支配的人，是有能力的人；支配人的人，是有才智的人。

## 【人生无常】

人生无常！社会需要你，就必须赶快付出；今天走得动，就赶快起步走。

## 【人生好比爬坡】

人生好比爬坡。要找一个卓越的目标，以短暂的人生朝这个目标迈进，中途不能懈怠。因为上坡时一旦松懈，就会倒退；也不能把目标设在峰顶上，因为一山比一山高。要选择最佳、最适当的峰顶勇往直前，日积月累，最后成就才会大。

## 【把稳方向盘】

不要担心载重，只要把稳方向盘，任何车都能开。当别人到达的同时，自己也到达了。

## 【不要抄捷径】

不要走叉路、抄捷径。因为所选择的小路可能是条死巷、走不通，终究还是得回到原路，反而平白多绕了许多路。

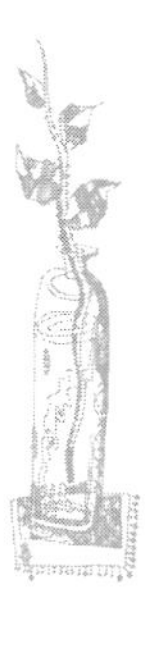

## 【无有二念】

无论做人、做事，都要抱持一颗“精进”心。精就是“不杂”，进就是“无退”。意即要做一件事，必须专心才能做得成，无有二念才会有进步。

## 【做才会进步】

社会的进步不是用喊出来的，是做出来的。

## 【不要懂理不懂事】

现代人世智辩聪、满口论调，做起事来却又斤斤计较。多数人只懂理不懂事——所知的道理很多，但碰到人与事时却又无法调理，这就是凡夫心。

## 【为正义而牺牲】

在正义之声的呼唤下，愿意牺牲者有多少呢？

## 【何谓真理？】

何谓真理？理事配合，事理相融，即是真理。

## 【以理转事】

事不能脱离它的“理”，以“理”为中心，诸“事”皆环绕在周围。要以理来转事，不是拿事来转理。

## 【理圆事圆人圆】

理与事之间需要的是人，理圆、事圆则人圆。

## 【人多力量大】

天下的米一个人吃不完，天下的事一个人做不尽。同样的，一个人也无法成就天下所有的功业。

## 【守住原则】

凡事要守好自己的原则，不要牵强应酬；常去应酬，往往度不到对方，反而会被拖下水！

## 【做自己该做的事】

如果影响不了别人，就做自己该做的事吧！

## 【佛陀的三不能】

即使佛陀在世也有三不能：一、众生定业不能转，二、无缘众生不能度，三、不能度尽一切众生。

·第十五篇·因缘、感恩与死生

# 当一滴烛泪落下来

靜思語

## 【只要找到路】

只要缘深，不怕缘来得迟；只要找到路，就不怕路遥远。

## 【对机就是好】

凡事对机即是好。

## 【及时播种】

我们若有纯良的种子，一定要把握因缘时机种入土中，并且给予充足的阳光、水分、土壤和空气，才能顺利成长。

## 【不要空过因缘】

有愿放在心里，没有身体力行，正如耕田而不播种，皆是空过因缘。

## 【不要错失良机】

再好的机会、福报，如不能把握因缘，就会稍纵即逝！

## 【充分使用物命】

一件东西能充分使用时，就会突显它生命价值的存在；如不加以爱护惜用而任意毁坏丢弃，就如同扼杀了它的生命。

## 【人生如舞台】

人生如舞台。定业来时，会演出令人料想不到的另一出戏。

## 【活得心安意足】

人生在世，一切物质只是让我们在日常生活中方便利行。因此，对物要心存感恩、爱惜及知足。如此，生活在人间就会处处感到心安意足，时时觉得欢喜快乐。

## 【不要辜负一切众生】

每天要感谢父母与众生，一生所作不要辜负父母与众生。

## 【感恩付出】

一个人面临绝境时，还能心存感恩很是难得。永保感恩心付出的人，比较不会陷入绝境。

## 【有心才能点燃】

一支蜡烛如果没有芯，就不能燃烧；即使有芯，也要点燃才有意义。虽然点燃的蜡烛会有泪，但总比没有点燃的好。

## 【肤的力量】

一滴烛泪落下来，立刻就会被一层凝结的薄膜止住；因为天地间自有一种抚慰的力量，这种力量叫做“肤”。生死之痛，其实就像一滴烛泪落下来，突然被“肤”。

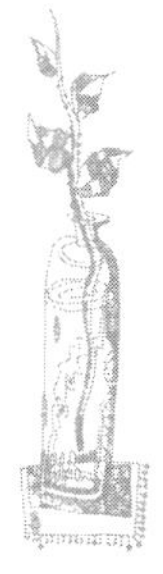

## 【死又何曾死？】

佛经上说："生又何尝生？死又何曾死？"生生死死、死死生生，本来就同在一个循环中；所以说：死是生的开头，生是死的起点。

·第十六篇·“道”与“性”、“信”与“迷”

# 有限的人生，无限的世界

## 【世事皆虚迷】

世间言语、文字或名位，缤纷迷离，姿影绰约——因其多彩多变，故不真实。

## 【修行的工具】

变动的道非真道，只是修行的工具而已；故须能取、能舍、能善用而不执迷。

## 【舍船就道】

对修道者而言，语言、文字皆如渡船。为达彼岸，自须善用此船；既达彼岸，即应舍船就道，勿再恋栈。

## 【道不能"说"断】

以有限的人生面对无限的世界，非"言语"所能"道断"；尤其潜心向道者，真正的说法、传道，如果只靠语言、文字，"道"即断了！真道须心会意解、躬身实践，不能徒靠文字或语言来传达。

## 【真道须力行】

实实在在的道不是看来的，也不是听来的，而是要真正去做——确切去实践，才能表达出真道。

## 【真性从何悟？】

习性不是"真性"。真性必须从人的习性中去体会、修为、契合，谓之"神会"，即是由精神体会而领悟出来的真理。

## 【形实如一】

无“形式”则不足以显“内容”。然形式要取诸“中道”，不可野亦不可乱，尤其不可轻忽“形实如一”的掌握。

## 【有与无之间】

事事皆“有”则会迷，样样皆“无”则会断；言“有”则执常，言“无”则执断。

## 【不要迷信自己】

多数人的心都是迷信的。迷信自己的人，总以为天下唯我独尊，唯有我能力最强。人应该相信自己，但是不可执著。

## 【贪之迷】

有些人，没信佛以前不信有天堂地狱，一直为贪图欲念享受，造作很多损人不利己的事。一旦信了佛，又迷于有天堂地狱而贪图功德，这二者都是"迷"。

## 【必须智信】

无信与迷信二者，宁愿"无信"也不要"迷信"。信必须智信，不可捕风捉影。

## 【勇敢面对现实】

培养面对现实的勇气和毅力，以欢喜心接受一切境界，不要动辄求神问卜。心若迷时会很苦，苦在自己无法作主。

## 【迷信不如无信】

迷信不如无信，学佛一定要转迷为智，离开众生的烦恼心，回归清净无染的佛性。

## 【做个智信者】

智信者深体佛法之精神，迷信者曲解宗教之美意。

## 【正信】

人有正确的信仰，在人生旅途走的路就不会有差错。人的观念如果不正，就不能正业；观念如果偏差，所做的事也易于出错。

## 【心正则气盛】

正信的宗教在于心正，心正则气盛，气盛方能自在。迷信就会疑心生暗鬼、问神卜卦，取信于签诗、筊杯，而无法真正深入教理。

## 【唯心是佛】

正信的佛法，不说感应、不说神通，唯心是佛。

## ·第十七篇·修养、修行、禅

# 浸润在人性的源头里

## 【整体美】

整体的美，在于个体的修养。

## 【四威仪】

一个人的修养——气质，均在行、住、坐、卧四威仪中自然地显露出来。走路有走路的风度，站立有站立的姿势，坐有坐的形态，睡卧有睡卧的姿态。

## 【培养气质】

有人常常埋怨自己长得不漂亮、没有人缘，其实人缘并不在于色身，而在于气质。气质则由修养中培养而得。

## 【显于外,修于内】

修行,主要是“修心于内而显于外”。心在内没人看得见,唯有借行于外的整齐以显示内在的清净。

## 【何谓修行?】

常有人把“修行”误认为是出家人的专用名词,其实修行表现在日常生活中,是人人应有的生活修养。“修”是修心养性,“行”是端正行为。

## 【时时退让一步】

退让一步以成全别人,即是修养,即是修行。

## 【修行靠自己】

修行得自己下功夫，靠自己的精进来启发灵明的觉性，不能期望无修自成的果实。

## 【了知人性的本然】

修行不在于长篇大论，也不是高深难解的抽象概念，而是如实、深切地了知人性的本然。

## 【身心如一】

静坐是为调身、调心、调气，要调得身心如一，动静一致。

## 【静坐的用意】

静坐深思的主要用意是：聚精凝神、养精蓄“睿”，反观内心自性，反省过去，慎思现在，警惕未来。亦即：止恶——诸恶莫作；持善——众善奉行。静坐不离此意，即是真修行。

## 【活着往生】

活生生的往生（注），当下即是净土。

（注：死在宗教上来说，为新生命的再启发；是舍掉旧的、更换新的，走向更好的天地，故曰“往生”。）

## 【当下转凡入圣】

修行不是在最后一口气才往生西方，而是当下活生生的往生极乐世界——只要把凡夫心换成慈悲清净心。

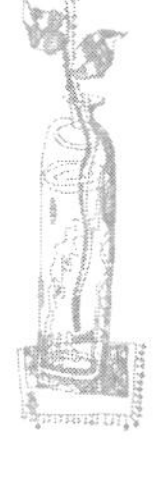

## 【两种修行人】

立志修行的人有两种：一种是被生活之苦所逼迫，而有修道以求解脱的冲动；另一种人是因为他找到了自我。对后者而言，生活体验与挫折只会使他更加坚定信仰。

## 【医院也是道场】

医生在病人的眼里就是活佛，护士就是白衣大士、观世音菩萨。所以，医院应该是大菩萨修行的道场。

## 【力行四摄法】

修持菩萨道，须力行“四摄法”：布施、爱语、利行、同事。

布施——“施比受更有福”，欲做菩萨，要不断付出而无所求，将心力、劳力、财力、物力等皆欢喜施舍，则人生自然幸福安乐。

爱语——柔声悦色，令人闻之欣慰、见之敬爱。诚恳的爱语，可扫除一切人我烦恼，解开心结郁闷，化干戈为玉帛，转暴戾为祥和。

利行——摄持身、口、意行善，利益众生，慈悲济世，即无上功德。

同事——菩萨所缘，缘苦众生。身处苦难娑婆，应先自我净化、以身作则，感化周遭共同生活、工作的每一个人，并鼓励众人一起力行菩萨道。

## 【心净意诚则气静】

一般人常误以为“打坐”才是禅，其实禅修打坐，目的是要修得心净、意诚、气静。禅、静、诚三者不能分离。

## 【禅定】

一切言行举止能精神统一，心念一致，就是禅定。

## 【三昧正定】

正信佛教的禅定叫三昧，意即正定，是靠日常生活中的磨练所成就，属修道的方法之一。

## 【心住于一境】

真正的禅，是在日常生活中不起烦恼妄想，能集中精神、一心不乱，行兹在兹、念兹在兹，使心住于一境。

## 【善用时间】

善于利用时间的人，无时无刻不是修持参禅的好机缘。

## 【参活禅】

学佛，要学活的佛；打坐参禅，要学活禅。能使平常生活中的举止动作无不是禅，才是真正的活禅。

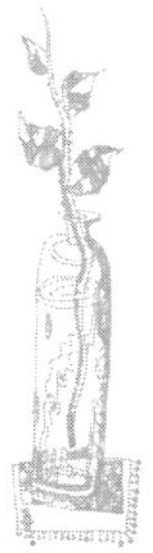

·第十八篇·走向"学佛"之路

# 无声的说法

## 【无所求的奉献】

无所求的奉献，及为一切众生而修养自己的言语行动，就是学佛。

## 【佛陀的教育】

佛陀的教育不只教我们如何了生脱死，更教我们如何包容人、不与人计较。

## 【极致的修养】

学佛要修养到无论发生什么事，心中都没有丝毫委屈感。

## 【爱心加耐心】

不先培养"爱心"和"耐心"，则佛道难成。

## 【做人是成佛之基】

成佛不成佛，端在做人。

## 【人人皆有佛性】

信佛不是信一个偶像，而是信仰佛陀的人格，再反观自性，相信自己与佛陀有同等的毅力——人人皆有佛性，只要肯用心，人人都可发挥真如本性。

## 【做自己的主人】

学佛须先了解无常的道理，如能了彻此理，才能来去自在，做自己生命的主人，迈向光明的境界。

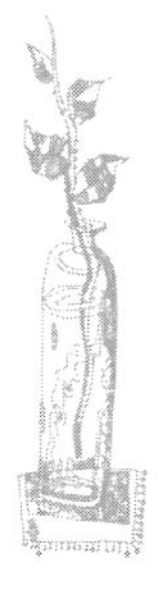

## 【简单就是法】

教法不必听太多。若能身体力行，简单的一句偈文就是真法，就能启发真正的善根。

## 【如来的形象】

学佛若学得心在宁静中，意在微细分析中，则天下一草一木一花一叶，无不是如来的形象。

## 【学佛三心】

学佛要有三心：直心、深心、大悲心。

## 【学佛前后】

学佛之前，生命像一张白纸，横写竖画，随心所欲。学佛之后，生命像在纸上学写字，要端正规矩才能给人看。

## 【无声的说法】

这个世界无时无刻不在对我们说法，这种说法常是无声的，但有时却比有声更为深刻。

## 【一帖欢喜良药】

法譬如水，能洗净众生被污染的心；法譬如药，药无贵贱，能应病即是良药。欢喜心即是一帖良药。

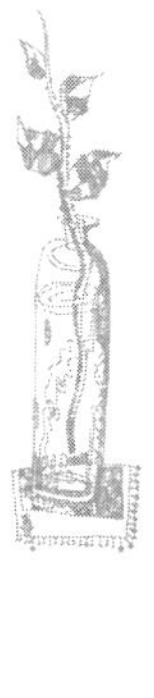

## 【妙法贵在应用】

若众生需要，满山遍野的一草一木无不是药；若非众生所需，则再珍贵的材质也不是药。佛法亦如是，无经不深，无经不浅，无高无低，无大无小。众生的心若能吸收应用，即是微妙大法。

## 【三理四相】

人生无常。物理有成、住、坏、空；心理有生、住、异、灭；生理有生、老、病、死。这些道理我们若能透彻，就不会在人与人之间计较；不在人我是非中计较，自然能专心于道，不会在现实的人生中随意起心动念！

# 答人间问

【下卷】

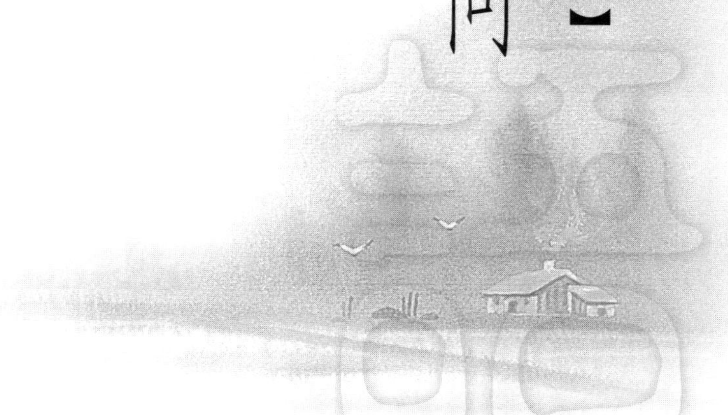

·第一篇·

# 即境答问
# ——人事篇

靜思語

## 【谈善美】

### 善是什么？

师言："善就是'智慧'——智是'分别智'，慧是'平等慧'；有了智慧，就有善和美。"

又言："善不能以威权行之，亦即不能用善心之名，把己意强加在别人身上。"

---

### 慈悲和"善"的关系如何？

师言："光有慈悲而缺少智慧，有时也会衍生弊病。例如社会上常有善心人士被骗，如此慈悲不仅未能达到行善的目的，反而助长了骗徒的恶行。所以，我们要以智慧发挥慈悲，才是真正的善。"

---

### 有人问："什么最美？什么最乐？"

师言："'宁静最美，安定最乐。'这是习禅、修心、养性，最美好、怡悦且最崇高的境界。”

世界上真有圆满、完美的事吗？圆满可以追求吗？

师言：“有始就有终，有生就有灭。物质、名利的追求既辛苦又徒劳，既无止境又无保障；由此看来，世间没有所谓圆满的事。然而，人性的圆满却可以追求，它是一种价值观的追求——因为人性、道德都是可以修为、提升的，是一种反求诸己的美善境界。透过自我的修养和努力，我们可以追求到一分圆满的价值，一种完美的人生态度。”

有人问：“什么样的人最美？什么样的衣服穿在身上最漂亮？”

师言：“带着微笑的面孔最美，微笑是世界共通的语言、爱的表现。最漂亮、最有气质的衣服是——柔和忍辱衣。”

## 【谈德行】

### 什么是“德”呢？

师言：“德是有志于道；于内心下功夫而行诸于外，谓之‘德’。譬如走路、行仪，都可表现出一个人的‘德相’来。因此，德也是一种自我教育，是内心的梳理、表现在外的行为规矩。”

---

### 年轻的女孩问：“怎样穿衣服才好？”

师言：“自然最好。衣服可以保护我们的身体，也可以表现我们的气质；什么身份，什么年纪，什么情境，都要合乎自然的穿着才好。”

又言：“穿衣要顺其自然才美；如果太牵强、不自然，就不美了。”

---

### 某大学的社团负责人来访，问道：“什么叫做造口业？”

师言："所说的话句句皆实话，所说的事完全负责任，就称做'正语'；反之，则是造口业。开口动舌无不是业，欲不造业，则必须以无漏智慧来摄受口业。玩笑话语或是取笑别人，也会造下不可收拾的因果！"

又言："和与敬是修行最重要的事，所以身行不可违背生活礼节。对人粗声粗气，妄言、绮语、两舌，这都是在声中造业，也就是造口业。"

## 为什么有的人对熟人比对陌生人，反而显得礼貌不周？

师言："彼此不熟识时，大家都客气相待，讲究客套与礼节；等到彼此相处日久，互相熟悉后，就'熟不拘礼'，不再讲求礼节。因此有人说：'恨由爱起。'因为不熟悉时彼此客气相待，并相敬相爱；等到彼此熟识，客套礼节渐失，就会生起一分怨恨之心。所以，我们要永远保

持最初相识时的客气态度，才是待人处事之道。”

---

**开放大陆探亲后，许多返乡同胞看到当地的境况，便生起分别心，言语行止常露骄态。**

师言：“回到大陆探亲，大家要心存虔敬的平等观和道德观，不要去伤人家的心，也不要去刺人家的眼。那种清贫生活，我们也曾经走过，难道大家都忘了吗？如果禁不住就自我炫耀，不但伤害大陆同胞，也伤害我们自己。”

---

## 【谈生命】

**有会员问：“我们该怎么来观看这个世界才好？”**

师言：“打个比方，一般人看世界、看一花一草，是把它放在一张白纸上看；真正的观者，是把它放在玻璃上观赏。这二者有什么不同呢？放在白纸上看像一幅画，但却看不到一花一草的因缘，因为与真实的草木相隔开来，它没有生命，只能单独地观看。而放在玻璃上看是透明的，一花一草与自然背景、天地万有仍然相互关连，处处都透露因缘与生趣；虽然是花草，但也不只是单独的花草而已。”

---

**青年学者问：“佛家讲‘有漏皆苦’，生命既能成长，自然也有所消逝。是否凡是生命，本质上就与痛苦连结在一起？”**

师言：“生与死，本来就连结在一起。死，最痛苦的并非死者本身，而是活着的人。每当想到死，精神上自然产生一阵威胁的痛苦。除了肉体的苦，还有爱别离苦；人生所爱的一切，都舍不得离开

而又不得不离，这是精神上最大的折磨。人有生的那一天，就一定有死的那一刻。一般所说的苦，是苦在生与死之间的这一段人生。人生中的是是非非，是像非，非又像是；明知是非如过眼云烟，但总难免被眼前的人我是非牵动而起烦恼。需知一旦生而为人，生命本身就值得祝福。我们应该学学林传钦小弟弟，人家问他：‘你的两条腿都给锯掉了，怎么办？’他说：‘我比脊椎受伤的人幸运得多！’你说他苦，他并不以为苦。”

---

**有位青年问：“人生的路，应选择平凡平淡的好，还是冒险激越的好？”**

师言：“宁取平淡。冒险应是逼不得已的作为，并非存心为冒险而冒险。”

又言：“生命不过是广大宇宙中极微末的一个点而已。相对来看，什么才真正伟大高超呢？怎样才算是激越呢？不如平淡些，脚踏实地做人做事。”

## 【谈宽柔】

**一般人说：“理直气壮，得理不饶人。”**

师言：“理直要气‘和’，得理‘要’饶人。”

又问：若是“理直气壮”，会有什么问题呢？

师言：“我们若认为自己有道理，什么都要争到赢，这样就太刚强了，太刚强就会破坏人与人之间的和睦。所谓‘得理不饶人’，即凡事有道理就要跟人争到底。因为执著于自己的理，反而会使自己与众生皆造业，这是错误的行径；因此，为使众生培养善业，我们必须‘理直气和’。”

再问：何谓“理直气和”？

师言：“人需要爱，太严则会冲失了爱。有理的时候，气度更要宽和，才能圆融爱，

烘托‘理’；所以做人宜‘外和内正’。”

---

弟子问：“做人做事要如何才能圆融？”

师言：“圆就是圆满。待人处世要用圆的方法，不要用尖的方法。因为尖锐会伤害到人，同时也会扎到别人的心。”

---

一位师姊表示：“在工作上，常感到很伤心。”

师言：“要打开心门！如果心门大开，任何人出出入入，都能畅行无碍；反之，心门若窄，任何人出入都会彼此碰撞。”

---

有些人常会这样说：“师父，当我要发脾气时，想到您说的欢喜心，就会把气压下来，但却忍得好难过喔！”

师言：“这是因为还有忍的心才会难过，若能时时培养欢喜心，放大心胸容纳一切，自然就会生起清凉喜悦心，也就不需要忍得那么苦！这就是一步一步的修养，如同细水长流一般，再硬的脾气、再固执的心，也都会被你这分柔和善顺所感化。”

---

**一位慈济委员请示：“每次访问急难贫户，看到他们惶然无助，不知该如何安慰？”**

师言：“应先以慈言爱语温暖其无助惶恐的心神，再慢慢建立其宗教信仰，使其精神有所依止，方能应付眼前的困厄。我们的工作不仅是对苦难众生作实质上的帮忙，于精神上的纾解更为重要——救人急，救心更急！”

---

**什么叫做柔和谦虚的“菩萨仪容”？**

师言：“对贫困的众生讲话时，语气要轻柔，态度要谦虚而亲切。因为他们需要的

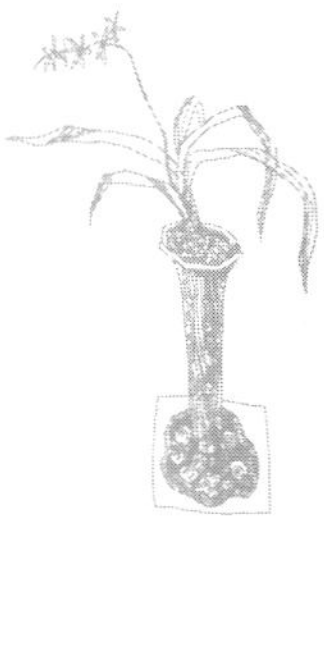

不仅是物质，更需要爱。爱的表现在于形态上，所以我们不能有傲慢的态度，一定要温和亲切。”

---

**弟子请示：“如何宽容他人？”**

师言：“普天之下，没有我不爱的人，没有我不信任的人，也没有我不原谅的人。如果能具足此‘三无’，就能使心理健康并正常发展，自然会宽容人、爱人、信任人。”

---

## 【谈缺失】

**有位委员端出一杯茶，突然发现杯子稍有缺口，她说道：“师父，真是抱歉！这杯子缺了一角……”**

师言：“除了那微末的一角外，整个杯口不都还是圆的？每个人都有缺点，若不去计较缺点，每个人都是很好的人。”

---

## 有人问：“如何对待犯错的人？”

师言：“我们应该像佛陀对待罪恶的众生一样，原谅他、怜悯他、帮助他。人性总有善良的一面，有时犯错的人其实比被侵犯的人更加痛苦。”

---

## 做坏事的人都会痛苦吗？

师言：“做坏事的人，是‘自我地狱’里的囚徒。如果不承认他的苦痛，只有两种情况——一是嘴硬，心里却很惶恐；这种人的内心极为脆弱，不敢面对自己的痛苦。二是精神不正常的人；这种人已经病得很严重，需要心理治疗、需要爱。”

---

## 积习未改，时常犯错的人，也该原谅吗？

师言：“积习是一种长期不自觉的习惯，和预

谋犯罪不同，应以更大的爱心和耐心来教育他、开导他。有一则故事：‘有位小徒弟，虽一心向佛，却很难改掉他的毛病——偷窃。师父每次都原谅了他。某次情况特别紧要，小徒弟竟又犯戒！众弟子无不愤慨，面陈师父，盼赶走小偷徒弟，否则大家耻与为伍，只有离去。但师父回答：即使你们都走了，我也不能赶走他。因为你们都能注意修养，到哪里都受欢迎；唯独他有不好的毛病，到哪都不受欢迎，我怎能为留下你们而舍弃他呢？众弟子闻言，大受感动；小偷徒弟听了之后，也羞愧莫名，感激涕零！于是决心改过，终能自新。’”

## 世界上什么人最快乐？

师言：“能原谅别人的人最快乐。当你原谅一个人的时候，当下心中的烦苦也同时消失了。”

---

## 【谈实践】

**有人请示：如何发心？**

师言：“发心要发在脚底上，走得正，站得稳；不是发在口中，只说不行。”

---

**有位青年学者来精舍小住，请示师父：“为何读书人常感苦闷？”**

师言：“知识分子虽然文字看得多，但是事理如果无法圆融时，却会苦闷、挣扎不已，这是因为只明理而不实践之故。如能放宽心胸，该做的放手去做，该舍的毅然舍下，岂有时间浪费在无谓的苦闷中？”

---

**某社会工作者感叹世道日非，人心不古。**

师言：“不要抱怨现在的世间如何，人心如

何，倒是应该从这里反省：因为现在的社会已是如此，所以才更需要我们为社会去付出。譬如人有病时，才更显出好医生的重要。这些问题，正是激励我们好好从事一番作为的力量，也是我们应该积极服务众生、实践理想的好机缘。”

---

## 【谈做事】

**一对年轻夫妇问道：“做事业应该把持怎样的态度？”**

师言：“以诚以正。”

又问：“但是，在公司里常有很多是非传言。”

师言：“是非止于智者。如果没有是非及人事，也就不是凡夫的世界。”

---

**弟子问：“凡夫常在人我是非中迷失自**

**己，怎么办?”**

师言:“凡夫常被因果所转而轮转于自己的果报中，痛了就一直钻在自己的痛苦中。圣人却能以一分平常心去转业——痛快！痛快！让自己的痛苦快快过去，业障也就被心境转了过去。”

---

**一般人常把苦干与能干混为一谈，其实二者有所差别。**

师言:“能干的人虽然能积极任事，但难免存有世俗的习性，能任劳却不能任怨；而苦干的人不但尽其所能地发挥才干，最难能可贵的是，他能任劳又任怨。”

---

**有人常为负担太重而困扰。**

师言:“不要担心负担多、责任重，能受天磨方铁汉！只要脚步站稳，力气会愈用愈大!”

**人应该如何面对"休息"与"工作"呢？**

师言："休息的意义，应该是换一个姿势，也可说是用另一种方式来工作；并非静静地坐着全身不动。我们要多多利用人生，多一分付出，就能多一分成就。"

---

**国外回来的慈济委员在精舍小住时，随众劳作，包装蜡烛。因蜡烛滑手，包装用的胶纸也滑手，且每一包要装填数支蜡烛，委员每每不能圆满完成。师父见状即为其作示范，霎时而成。委员请示原理。**

师言："做一件事，要把心放在上面，手是随着心的意念而动。要细致、专一、层次分明地做，毋需贪多；先用胶纸包贴好一个蜡烛，再慢慢往上推去，因蜡烛大小一致，即可循序完成。做事、修行，道理都是一样！"

**精舍一位常住师父工作时，发现胶水用完了，便向慈济功德会[*]办公室借了一瓶用过的胶水来使用。**

师父得知此事言："慈济功德会的经费，一分、一缕都是万众会员珍贵捐赠，要作为救世济贫之用，分毫都不可错用。如果临时要借用，如借胶水，就要借一整瓶，并尽快还一整瓶。事情清清楚楚，对会员才能交代。做事不能因事小而大意，要精确地把握分寸。"

---

## 【谈本分】

**有人说，这是我的义务；也有人说，这是我的本分。"义务"与"本分"的差别究竟何在？**

师言："在行事当中，若觉得这是我的义务，便会

---

[*] 慈济功德会已于一九八〇年更名为"财团法人慈济慈善事业基金会"。

不计代价去做；如果换成这是我的本分来思考，也会不计代价地做——然而义务是应然，本分是必然；义务是形式的约束，本分却是自然、内在的充实。其间的喜乐、个人觉知，自有不同。”

**一位大学教授，看到现今教育事业愈来愈变质，心中颇为伤感。**

师言：“从传统中国的礼教社会到现代功利主义的社会，师生相处的真义，都不外乎坦诚、尽本分而已。当今师生关系变质，无非是附带的包袱太多、本分的掌握太少所致。”

**一位就读某大学研究所的义工，惑于当前手段与目的不分的现实，请示：“手段重要，还是目的重要？”**

师言：“要有过程，不要有手段；要有目标，不要有目的。过程是本分和自然，手段则是机巧与权变；目的有得失，目标则是有方向。”

## 【谈责任】

**凡人遇到不顺心时会生气，该怎么办？**

师言：“应该把握自己，及时反省。生气是对自己的失责，徒然自我消耗精神体力罢了！这种内在的破坏力量，会扰乱心性，也会失去解决问题的慧力。人生要达到‘定’的境界，既要面对现实，又要不让现实影响自心的清澄宁静。”

**会员问：“有些年轻人看到社会上的不公不义，免不了要打抱不平、伸张正义，这样的想法和做法是否妥当？”**

师言：“要有一分‘静观’的智慧。否则抱不平、喊正义，往往会把事情变得更复

杂、更混乱！许多不公不义并非如表象那么简单，不能操之过急。如果一时冲动就去抗争、呐喊，这样只会更深陷它的不公不义。应力求自省，想想自己做了什么？能做什么？每一个人都该尽自己应尽的本分，要有责任感甚于正义感。若人人如此，这个社会才有可能更公平、更正义。”

又问：“责任感与正义感分别何在？”

师言：“责任感是对自己的要求，正义感是对别人的要求。责任感是理性内省，是良知良能的自我奉献；正义感是感性外铄，是快意果断的人我制衡。”

## 【谈沟通】

问：“什么是‘沟通’？如何与人沟通？

**不同习气、不同生活背景与知识程度的人，能否沟通？”**

师言：“以现实来说，观念、目标、习气相近者，比较容易沟通，但是起点仍在个人。要先能倾听，捐弃自己的成见，并有虚心接受别人想法的胸襟和智慧，才能有真正的沟通。所谓的沟通，不是要人家和我沟通，而是自己如何与人沟通的问题。若要别人退一步、自己进一步，这就不是沟通，只是说服。”

---

## 当前的交通这么混乱，毛病究竟出在哪里？

师言：“如果人心能好好沟通，车道就能畅通。可惜大家都是你争我夺，何尝有平静的心灵作相互沟通呢？”

又言：“马路上经常东挖西补，以致滞碍难行。没有长远、完善的规划，交通自然也就时时交而不通了。”

## 【谈改过】

弟子言："我知道我有很多缺点，我会慢慢改啦！"

师言："你要慢慢改，那干脆不要改！人生无常，有多少时间可以让你慢慢消磨？"

---

弟子问："师父，为什么其他做错事的人都不必改，老是要我改？"

师言："想成佛的人就要改，不想成佛的人就可以多多与人计较！一念觉即佛，一念迷即凡夫。"

---

或问："听时思悟，境来思迷"，应如何克制？

师言："应提起毅力、决心，立'不二过'之志，并时时惕厉自己。有勇气即可精进。"

## 【谈贫病】

### 为什么人生会有贫困？

师言：“我用心追其根源，发现多数是因病而贫。只要有健康的身体就能工作，就可平平静静过日子；如果遇到病苦，有时一个小康家庭，就会因此而被拖垮。这也是‘看病功德第一’的道理。”

---

### 有人问：“护理人才的重要性何在？为何要以白衣大士的精神为主导？”

师言：“护理人才是医疗极重要的一环。人们生病时，七分身病，三分是心病。再好的医生和药石，仍需经过护理人员的关心照拂，医疗过程才算完成。因此，护士除了必须具备精良的专业训练，还得焕发出如观音菩萨般的白衣大士精神——一分人伤我痛的慈悲和一分救苦救难的决心，及表现于外的

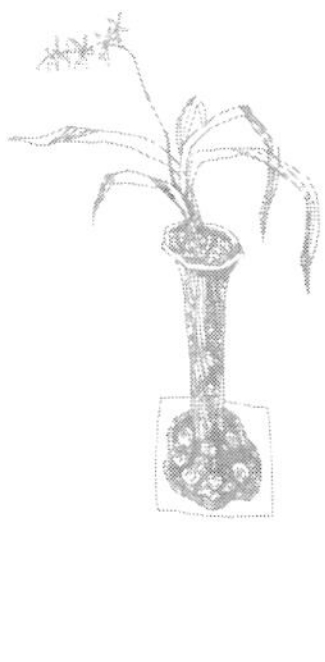

无限温柔与关怀。”

---

## 【谈情爱】

### 有位少女问男女之情如何才好？

师言：“要专，而且要规规矩矩。”

又问：“专情和私情有何不同？”

师言：“私情是占有，专情是真诚；私情不择手段，专情宁见对方幸福。”

---

### 某位先生为情所苦，问：“人能断情否？”

师言：“情实难断。菩萨道是觉有情，未尝断情；佛陀的爱透彻无染，亦未尝断情。私情私欲，使众生痛苦；只有长情大爱，才能使众生超脱痛苦。”

---

### 现在的孩子受尽宠爱，却仍觉不足，该怎么办？

师言："父母要制造机会，让孩子亲自参与家事；不要太溺爱，要多运用智慧予以启发和开导。对待外人时，应发挥为人父母的爱心去关怀与付出，这样孩子也会慢慢了解爱的真义。"

---

**有位社会工作者困惑地问："常见友人献身社会服务、热心公益，对家人却无暇照料。像这样爱尽天下人，惟独忽略自己的家人，感觉上似乎不对吧？"**

师言："不是'似乎不对'，是真的不对。"

---

**有委员请示："我们在付出爱心帮助贫困的众生时，应该存着什么样的心理？"**

师言："只有不为任何代价、不求任何回报的付出，才能得到更真、更善、更美的境界。"

---

**某慈济委员一家人到法院公证，表示将**

来往生后愿意捐献器官。

师言："能看透爱与生命、没有占有心，即是菩萨爱。"

---

弟子问："哪里有永恒的爱？"

师言："当向虔敬里寻，当向最初里寻，当向宗教里寻。"

---

## 【谈婆媳】

有媳妇对师父说："我对婆婆已经够好了，但是她仍对我不好。"

师言："婆婆对你不好是她的事，但是对婆婆好是你的本分事。要知道你的一举一动，晚辈都在看着、学着。既然对婆婆已经好到九十九分，不如就给她满分吧！"

## 公婆应该如何看待媳妇？

师言："子女结婚，不是嫁出一个女儿，而是多了一个儿子；不是娶进一位媳妇，而是多了一个女儿。"

## 会员请示婆媳相处之道。

师言："对公婆好，使他们心情好、不生病，是为人子媳的福。若不顺公婆，惹他们生气而生病，照顾、看护哪样少得了你？所以，要互相祝福关怀。到市场买菜，不要只想到孩子喜欢吃的东西而忽略了公婆的喜好。凡事要存一分恭敬心。"

# 【谈育亲】

## 弟子问："要怎样管教孩子才算恰当？"

师言："生养子女如同种植树苗。树苗种植后，若加太多水和养分，根很快就会腐

烂。因为大自然本来就有充分的水、阳光和空气培育它。教养孩子也是一样，过分的溺爱，反而会害了他。”

常有父母为孩子吵架而烦恼。

师言：“那只是一种游戏，是孩子们社会经验的开始。他们并不一定认为是在吵架，父母不必刻意加强这种意识。”

孩子不乖，不爱读书怎么办？

师言：“其实，父母对孩子只有义务，只能尽责任，没有权力。要多为孩子种福，以母亲的心怀来爱众生，以菩萨的智慧来教育子女，不要为子女太操心，这样无形中会加重孩子的业。”

有位年轻女子因恋爱受家长阻挠，因此男方另娶，少女心意憔悴，顿思出家。家长虽懊悔，却难以劝说，于是请师父开导女儿。

师言："出家是一辈子的事，和女孩子出嫁一样，都要非常慎重。出嫁，不该是激情、冲动的决定；出家，尤其是清静澄明的坚定抉择。然而，出嫁是走入另一个家庭；出家则是走入如来家，要挑起如来家业，挑起教化普天下众生的责任，和在家人全然不同。这个担子既重又远，万一承受不起，不是更苦吗？要仔细想清楚，不要在感情有波折、烦恼不安时做这个决定。"

又对家长言："培养子女是家长的责任，但不能施以权威。不能因为是家长，就要子女处处都得顺从自己的主意——这样的爱太苦太严，会令受者、施者都受伤，岂不失去了疼惜子女的本意？"

---

**有位医学教授认为看病功德第一，所以儿子考大学时，一定要儿子以医学院为**

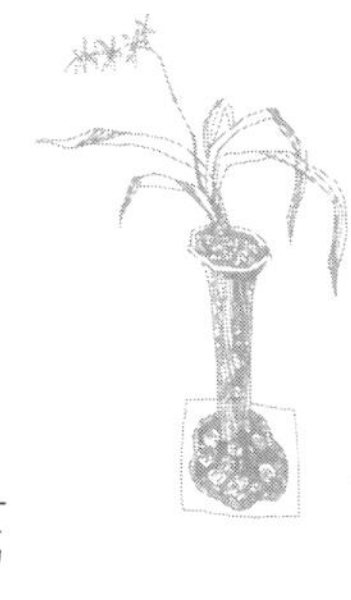

第一志愿。但儿子志不在此，不愿依从，父亲吩咐家人一定要盯着儿子这样填写。

师言："固然医生的功德很大，但为人父母者，还是要以开导的方式，培养孩子的兴趣较好。若以命令强加子女身上，反倒苦了孩子。虽然是以善意出发，却不一定能结出好的果实。做父母的，应以宽柔的心胸、智慧的眼光看待子女，让子女走他愿走、能走的路才好。"

---

## 【新春三愿】

一九八三年新春，会员探问师父的新春愿望。

师父的三个愿望是：

一、不求事事如意，只求具足充分的勇气面

对现实。

二、不祈求身体健康，只希望时时有一股智慧充足的精神和一分不退转的爱心。

三、不希望减轻负担，只求有更大的力量来承担这个世间所该做的事。

·第二篇·

# 即境开示

# ——宗教篇

## 【谈信仰】

**问:“什么才是生命中最踏实的力量呢?”**

师言:“一个人钱再多,总带不去;才华再高,也不能保障一生的稳定。现实生活中,一切都是那么虚幻、漂浮不定;什么才是生命中最踏实而安定的力量呢?这必须从生命的终极关怀中去寻找。一个人有了生命的终极关怀,不管在什么环境下,遇到什么困难,总会循着一定的宗旨和方向安然前行,就像航海中有了指南针。”

---

**某记者感叹说:“为什么我工作上一直努力不懈,仍常常觉得很空虚呢?”**

师言:“要先找回自己。否则像浮萍无根一样,纵使处处用力、时时用心,到头终是一场空。”

又问:“如何才能找回自己?”

师言："归根究柢仍是宗教信仰问题。有正信的宗教精神为中心，便能有定力，才不致被世间的人我是非所蒙蔽。"

有学者道："常觉得社会不公平，自己的责任很重，压力很大。"

师言："人生观不同，心态也会不同。同样能明辨世间善恶是非，无宗教信仰者，抱持不平之心，济世之志愈大，压力也就愈大；有宗教信仰者，欲普度众生，然其善尽本分，责任虽重，心态却很宽柔。"

某居士因为儿子信仰基督教，十分懊恼。

师父开示道："你该为他高兴呀！有信仰比没有信仰好。"

有委员一心向佛，妻子却是虔诚的基督徒，因此请示："不同宗教信仰，应如何

**相处？”**

师言：“宗教像个大海，不管江水、河水、溪水，什么都可以容纳，即所谓万流归宗。我们一定要有这种涵量去爱、去包容，去欣赏各种宗教的信仰者。只要自己行得正，谁说谁对都不要计较，千万不要说：‘我对，你不对！’”

---

**问：“无论是宗教人物或政治人物，都认为自己的理想是好的，可以为众生带来幸福。这其间有什么差别呢？”**

师言：“二者当然有差别，而且相差很大——真正的宗教家超越了功利，政治人物却要建立功利。”

---

**某位先生真切地表示：“对于佛教，心中有一连串的问号……”**

师言：“佛教乃承担如来家业，引导人们智信而非迷信。有人为求消灾，以为拜佛，佛就会保佑。其实，佛教是以浩瀚教义来启发人们的智信与良知良能，看得开、放得下，即有心力向前进。总而言之，信仰乃先启发自信，再去引度别人智信。”

## 青年诗人问：“信佛的人和不信佛的人，在生活或道德上的实践有无差别？”

师言：“信佛和不信佛的人，基本上没什么差别。他们都是人，拥有人所共有的本性与善心。即使不信佛的人，只要能发挥他的本性与善心，也一样做好事。但是信佛的人中，没有‘学佛’和有‘学佛’就有差别了！学佛的人必须一心效法佛心佛行，以救人救世为己任，常常舍身就道，牺牲小我，完成大我。没有学佛的人比较不能摆脱自身利害的考量，常在有意无意间透露积德求庇佑的心态。相对之下，学佛者的行善无所求，正如佛陀是为众生成佛，而不

是为自己成佛！”

有位女士因丈夫被崩土掩埋年余，难捱沉重压力，要求遁入佛门、了脱烦恼。

师言：“家中群幼尚需母亲抚养、教导，此时如撒手不管，一则对子女失责，二则更加深自己的业障；理应于家中好好尽一分母亲的天职。”

## 【谈学佛】

现代人往往神佛不分，以为佛即是神。

师言：“佛不是神，大地众生皆有佛性。佛陀乃是超凡入圣、自觉觉他的最尊者，也是真实人生的引导者。”

弟子问：“为何要将佛圣化而不可神化？”

师言：“神与鬼同道，因为还有瞋心在，所以随业流转于三界内。而佛菩萨疼爱众生，如母之爱子，无怨无求；因此佛是圣人而非神。神离人很远，而圣人却随时在我们的周围。”

弟子问：“为什么我们觉得佛法很深奥呢？”

师言：“若往上推溯到佛陀时代，佛法并不是那么深奥，而是很浅显易懂、平易近人的教育，是我们日常生活中做人的道理而已。后来因为人们对佛陀尊仰崇敬，难免有各种精深或奇特的描述。若能抱持佛法是日常生活的心灵教育，那么进入佛门之后，自然能了解人生真谛。”

弟子问：“学佛者常跑道场好不好？”

师言：“有些学佛者的心态如海水，常自起波澜，自作烦恼。有的人开始接触佛法

时，即迫不及待地拜佛、念佛，对佛法的真义却不去探究。其实，学佛应该将佛陀教导我们的教法，应用在日常生活中。直心是道场，正心是道场，深心是道场。”

弟子问：“佛教徒有三类：一是学佛的人，二是拜佛的人，三是信佛的人。到底哪一种人才是正信的佛教徒呢？”

师言：“学佛的人才是。我们要学佛的信心、毅力和勇气，以及学佛牺牲小我、完成大我的伟大精神。”

有些人会说：“师父，我很想学佛，但是识字不多，要学念经实在很难啊！”

师言：“佛陀并不希望大家将他说的教法当成文字经典，只用嘴巴念念，而是要把道理拿来力行。其实，佛陀讲经就在讲道，并指引一条路让我们走；所以，我们应当‘精勤而行之’，才是真正地‘学佛’啊！”

弟子问：“什么是经？为何要念经？”

师言：“‘经’即是‘道’，‘道’即是‘路’。念经就好比看地图，记下地图中的名称、方向，再按图索骥，我们才知道应该遵循的方向。”

某委员请示：“如何听道才能摄受佛法？”

师言：“心若不专，则闻不入——心念不专一，即使听再多的法也听不进去。大部分的人都是一耳听、一耳漏，这叫做有漏；靠耳根听，并专心摄受，则称为无漏。以无漏根听法，才能摄受佛法。”

## 【谈功德】

会员问：“捐血也是一项孝顺父母的功

德吗?”

师言:“我们身体中的每滴血都来自父母。能将父母给我们、流在我们体内的血输到别人身上,救人一命,这是多么的神圣!这就是报答父母的恩德。”

---

一位妇人问:“诵经真有功德吗?”

师言:“有人以为只要念经,佛陀就会保佑他、为他消灾,这是错误的观念。众生浑沌,时常迷失自我而误入歧途。佛陀讲经说法,即是指导我们人生的方向。”

---

有弟子问:“念佛号的意义何在?”

师言:“念‘阿弥陀佛’佛号的人,有上根上智者,也有智识不足者。上根上智者,只消一句‘阿弥陀佛’,即能从中吸收无量无边之佛法,体悟佛心;智识不足者,一时无法了解经中的道理,所以也要勤念

‘阿弥陀佛’，以求消除罪业、澄思定心。”

有人问：“听说一定要念几万遍佛号，方可往生西方？”

师言：“他是一直在数念几遍，心念放在数字上，而非放在佛号上。”

弟子问：“听说诵三千卷《金刚经》可以破名相？”

师言：“若能够破名相，四句偈就可破；若不能破，诵一万卷《金刚经》也没有用！”

## 【谈因果】

一位会员，一坐定即说：“请师父看因果。”

师言：“我不会看因果，但我们要注意因果。”

有人请示：“因果与环境有关系吗？”

师言："因果乃业力所致，会牵制环境。"
又问："可以改变吗？"
师言："要有毅力，还要有一分善缘。"

---

**一位师姊问："何时运才能通？"**

师言："心开运就通。日日欢喜过，即得心自在。"

---

**常有人问："人为什么不能自主？为什么如痴人任凭环境摆布、被命运安排呢？"**

师言："只有凡夫才会被命运安排，圣人能安排自己的命运。如何安排命运呢？必须用信心、愿力及智慧，坚毅地破除烦恼恶念；如此，业力一转，就能解脱自在。"

---

## 【谈迷信】

**有些人常问："算命有用吗？"**

师言："命理是有的，但不能迷信。一般人所说的命运或运气就是佛教所说的业力，既然相信业力，自然就会有命理。但是，佛教有一句名言：'一切唯心造。'凡夫受命运所操纵，圣人却能操纵自己的命运。"

---

## 为什么有人常去算命、问运气？

师言："其实有一分正信、正念，自己就可以转运。慈济贫户个案中，有很多是算命的。"

---

## 常有人为事业不顺或身体不好，而怀疑家中的神位不对或有所冲犯。

师言："佛门讲定业因果，只要心安处处皆安，心安即理得。在佛教中，任何方位都是好方位。"

---

## 有人笃信并依行算命之言，惟恐犯忌。

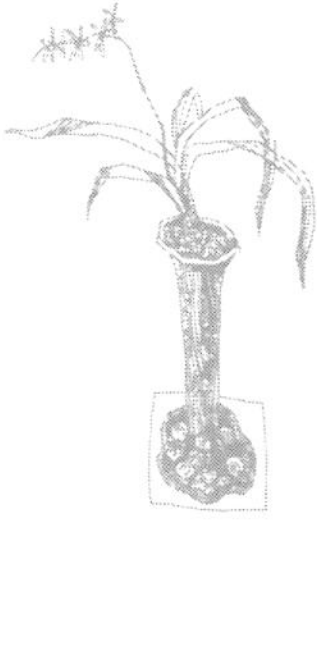

师言:“佛教谈精神超然,心正则气盛。在佛门中,日日月月都是吉祥时。”

---

**某居士问:“一般民众所信仰的法术神通与佛教有关吗?又一般对深入信仰者谓之迷,是吗?”**

师言:“法术不是佛教的产物。至于‘迷’字,端看人们如何信仰?一般社会人士因心念惶恐,对事物无法全心信仰,乃取信于签诗筊杯,并没有真正深入教理。佛教是改革人生的科学,而非只是拜拜的宗教。”

---

**一位自称为佛门幼稚生的男众来请法:“真有灵魂吗?”**

师言:“迷者为灵魂,觉者为觉识。”

---

## 【谈修行】

**常有人问:“应如何修行?”**

师言:“注意外境来时的一念之间。”

---

**有人以为自己修持得很好,但是碰到一点小事就起烦恼心。**

师言:“凡夫心容易起波澜,即是‘八风’(注)吹不动,微风吹动了。”

(注:人生“八法”如八种风,分别是:利、衰、毁、誉、称、讥、苦、乐。)

---

**或问:“师父,修行和修养有什么不同?”**

师言:“修行就是修心养性。每个人的习气不同,佛性却是一样的,修行就是要好好保持这分善良的本性。所以,修行也就是修养。”

---

**年轻的佛学院学生问师父如何修持?**

师言:“每天都是我人生道上的一页,过眼的每个人、每句话,都是页中的字字行行。在人生中得佛法,而非在佛法中

得人生。”

---

**有二位年轻比丘尼来精舍，问：“法师啊！在您修行的这条道路上，有否碰到困难的事？”**

师父反问他们：“什么叫做困难？我从来没有时间去想困难。”

又问：“在人与人之间，您的心难道没有障碍吗？”

师言：“修行是自己心甘情愿的，就是因为要脱离人我是非，才需要修行。如果修行还去招惹人我是非，那又何必修行呢？”

---

**有人问：“为何要持戒？”**

师言：“人之所以痛苦、惶恐不安，是因犯错的罪恶感所致。持戒就是要防患于未然，守正于日常生活中并形成规矩，自可避免犯错。”

有人说："我心好就好，何必修行？"

师言："你的心好有谁知道呢？真正的心好，是要受过一番洗练，练得非常自动、练得没有一丝一毫的考虑，就能伸出援手帮助别人。修行因此就有必要了！"

---

某先生喜欢参禅。

师言："参禅不是光坐在那里而已。行住坐卧、担柴运水，无不是禅。我们要行禅，不是坐枯禅。"

另有一委员问："何谓禅？"

师言："吃饭专心吃，做事专心做，心无旁骛即是禅。"

---

## 【谈神通】

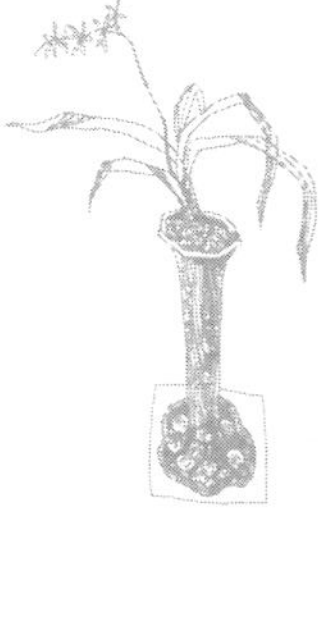

有些人以为，修行能修到眼见仙佛鬼神

就是“天眼通”，其实这是错误的见解。

师言：“只要能看开世间事物，不去计较争执，就是真正的天眼通了。”

---

有人学打坐之后，常听到别人听不到的声音，以为这就是“天耳通”。

师言：“真正的天耳通，是远离一切烦恼杂念和不清净的言语。不但不听是非，而且还能把是非转为佛法，当作教育，这才是真正的天耳通。”

---

很多人以为具有“神足通”的人，能日行十万八千里，其实这是不可能的事。

师言：“真正的神足通，是世间的路条条皆走得通。只要我们秉持光明正大的心，抱持诚正态度待人接物，则天下无难事！天下无难事，当然也就条条道路皆行得通。”

## 别人在想些什么，具有“他心通”的人真的都知道吗？

师言：“只要我们能抱着坦诚的心意，体谅他人，事事为他人设想，那么他人对我们就没有任何隐瞒。如此，我们怎会不了解他人的心思呢？”

---

## 所谓“宿命通”，就是洞悉过去，了解现在，预知未来？

师言：“想知道过去、未来，其实现在就能一清二楚了。有句话说：‘欲知前世因，今生受者是；欲知来世果，今生作者是。’这岂不是明显地告诉我们过去和未来吗？”

---

## “无漏通”又是什么？

师言：“学佛不要妄求神通，最重要是能断尽烦恼。接受佛法后能身体力行、发挥菩萨的精神，这种‘无漏通’才是学佛者所应求。假如能修到无漏通，心自然能通达无碍；心通则万事皆通，如此，又何必盲目地追求神通？”

# 附录

**附录**

# 一九八九年编辑缘起

高信疆

证严法师是“慈济功德会”的创始人。

二十五年前，慈济功德会成立时，法师是布衣芒鞋、和敬宽柔；三年前慈济医院成立时，法师还是布衣芒鞋、和敬宽柔；今年，慈济护理专校创校开学了，法师依旧是布衣芒鞋、和敬宽柔——法师做了那么多利济苍生的事，开展了那么多雨露广布的志业，启悟了那么多不同身份、不同个性的人，然而法师从无迟疑，从不懈怠，始终如一、克勤克俭的耕耘在他那“无缘大慈，同体大悲”的人间大爱里。

二十五年过去了，慈济功德会自当初的三十人汇聚成如今的三十六万人；自济贫开始，而一步步扩展到慈善、医疗、教育、文化这四大志业的落实和成长，那是一条怎样心力瘁劳、血汗交融，而又坚毅弘忍的路啊！

可是法师无怨无畏，坦然怡然的伴携着随行的弟子们、会员们、委员们，众心一志的走过来。

曾经，法师在和委员们的谈话中说过——

“开始的时候，我们像是一头犊牛，拉着一把车在草原上行进；今天，虽然有些收成，但却是包袱满载的爬在坡上，而且这只牛也有了年岁，我们决不能让自己停一下、喘口气。因为还在爬坡，一停就后退下来了……我们一定要持志不懈、日益精进，一口气走到峰顶。”

就是这样的一种心力和脚力，一分愿力和慧力，恳挚信实的鼓舞着众生、教育着众生，播种在法师殷殷期勉的“福田”上——

慈悲喜舍，勤植万蕊心莲；

予乐拔苦，同造爱的社会。

多少年来，法师慈心柔语，悲智双运的引领慈济功德会的朋友，走过风、走过雨，走过烈日炎炎的旱地，济世救贫、抚病助人。常常，在心志脆弱的时候，法师给予慈济人坚定的力量；在彷徨摸索的时候，法师指点了慈济人的方向；在阡陌纵横的人世交错里，法师的声音梳理着人们紊乱的思绪；在复杂诡谲的感情纠葛中，法师的容色平和了人们胸怀的波澜——法师亲切智慧的语言、温润关爱的态度、慧心澄澈的行谊，清晰沉稳的扎实了愈来愈多的慈济会员们为人处事的规范。

当然，古往今来，多少圣哲贤人，都曾为我们立下典范、留下教言。可是，现实人生里，曲折变易，有些话、有些事，年代久远了，地理区隔了，焦距模糊了！或者太深，或者太专，对生活的大众往往难以企及，甚至缓不济急！更何况，许多人在迈入社会以后，接受教言的机会相形的减少了。因此，在一般情形下，人们面对实际的生活时，总会有些困扰难以解决，总有些事理无法圆融的境遇；有些时候，往往日常最细微的小节，也会把人们绊倒——

然而，法师却平易近人地在慈济人最需要的时候，给予各人深切的指引。他那自然而然的随机开悟、随缘善导，既真实又亲和、既深邃又浅白。尤其是他那身教言教的道德典范、躬亲实践，特别生动有力地匡正了、滋养了，并且提升了慈济人。

法师向来少做惊人语，但却经常是一言点醒梦中人；法师的话，不用深典、不重华词，却每每从小地方发真智见、在答问中抒大启示；法师不曾疾言厉色过，可是温温婉婉间自有天地的横阔与庄严；法师平日教诲弟子或会员时，常以出世之心，谈入世之事，语诚而敬、素朴明莹，随意俯拾都是良言嘉语，都是人间慈爱、人性善美的信念与德行。

法师的言语，又大多是从现实人生里出发，从个人实践中体悟，自每天的生活中契入，是活生生的说法，不知曾救了多少人、多少家庭；也实质帮助了许多人开创事业、调理人情，在立身行事中不仅知所进退、欢喜平安，也能助人为乐，和睦向上。

因此，慈济功德会的委员在满怀感激中，希望把法师平日向弟子、会员或社会人士开示的话辑录下来，让更多有心的朋友，能够亲近它、掌握它；无论做人、做事、励志、修身，或济贫教富、或淑世助人，皆可随机翻阅、随缘索引，因时因地、因人因事而能有所吸收与发挥——信疆忝为慈济志工，受托编录，虽力有未逮，却义不容辞。乃与元馨携手同工，在何国庆、洪素贞诸慈济友人的倾力协助下，自法师的答问开示、学佛专论中，自慈济的书册报导、随师记行间，采撷吉光片羽，以类相从，汇录成册。

至于辑录的原则，则以人世的经纬万端作对象，人性的来去自如当目标，以德行的修养提升、善美的浸润持一为主轴。期待它的印行，不仅可作为慈济人的觉行指南，也可提供有缘的社会朋友，一部挚切可行的生活辞典。深盼能让更多人分享法师的智慧、慈悲和容忍，也分享那成就了无数慈济志业的巨大力量。

但愿人人都能行走在这一条救心、救身、救世的道路上，并肩学习、奋力实践；如果，能因此而为我们的时代添福祉，为我们的先人增荣光，为我们的后代留榜样，那就更是慈济人衷心莫大的祝愿和感激了。

**图书在版编目(CIP)数据**

静思语.第一集/释证严著.—上海:复旦大学出版社,2012.7(2021.3重印)
(证严上人著作·静思法脉丛书)
ISBN 978-7-309-08837-3

Ⅰ.静… Ⅱ.释… Ⅲ.佛教-人生哲学-通俗读物 Ⅳ.B948-49

中国版本图书馆CIP数据核字(2012)第074582号

慈济全球信息网:http://www.tzuchi.org.tw/
静思书轩网址:http://www.jingsi.com.tw/
苏州静思书轩:http://www.jingsi.js.cn/



**静思语**(第一集)
释证严 著
责任编辑/邵 丹

复旦大学出版社有限公司出版发行
上海市国权路579号 邮编:200433
网址:fupnet@fudanpress.com http://www.fudanpress.com
门市零售:86-21-65102580 团体订购:86-21-65104505
外埠邮购:86-21-65642846 出版部电话:86-21-65642845
上海崇明裕安印刷厂

开本890×1240 1/32 印张7.125 字数85千
2021年3月第1版第9次印刷
印数41 801—45 900

ISBN 978-7-309-08837-3/B·426
定价:25.00元